小山真紀・相原征代・舩越高樹 編
Koyama Maki, Aihara Masayo, & Funakoshi Koju

生きづらさ
への
処方箋

ナカニシヤ出版

この本を読むあなたへ

　あなたがこのメッセージを今読んでいるということは，この『生きづらさへの処方箋』を手に取ってくれて，とにかくページを開いてくれたということですよね。どんな理由でこの本を手に取ったのかはわからないけれど，もしかしたら「生きづらさ」という言葉が目についたのかも，と想像します。

　この本は，「生きづらさ学」という分野横断的学問を立ち上げることを目指した共同研究が元になっています。立ち上げ人の一人に，この「生きづらさ学」共同研究のきっかけを聞いてみると，「だってこの世の中，なにかと生きづらいでしょ？」と。なるほど，確かに「生きづらい」かも。このヨノナカ。なかには「自分は生きづらいなんて考えたこともない」という人もいるとは思いますが，何らかの理由で一度は「はぁ～，しんどいなあ」と感じる人が多いのではと思います。でも，その「生きづらさ」を言語化して誰かに相談したり，解決したりするのって，意外と難しくないですか？　だって，そのしんどさが明確に分析できて，どう対処すればいいのかわかっていれば，とっくにそうしていますよね？　「生きづらさ」って，誰もが一度は感じるのに，大体その原因はぼやっとしていることが多く，「しんどいけど，何をどうすれば……」ということが多い気がします。なかには，「死ぬほど生きづらい」と感じている人もいると思いますが，そういう場合はその原因がわかっていてもどうしようもない場合（親しい人との死別，身体的・精神的障害など）なのではと想像します。

　こんなにいろいろ「生きづらさ」があるのに，専門家のところへ行かないとそのしんどさは解決しないのでしょうか。もちろんそれも大事だと思いますが，もっと「気軽な処方箋」があってもいいのではないでしょうか。あるいは，いろいろな「生きづらさ」があるなら，いろいろな分野からのアプローチ方法もあるのではないでしょうか。また，この「生きづらさ」は自分だけ，と思っていたら，実は同じような「生きづらさ」を抱えている人がいた，ということもあります。場合によっては，同じような生きづらさを抱えた人がいる，とわかっただけでも，その人の生きづらさが緩和されることもあります。「生きづらさ学」は，そのような「生きづらさの横軸」を探す学

問です。すなわち，個人的だと思っている「生きづらさ」のなかに共通点を見つけ出し，そのしんどさの原因が「自分ではないところにある可能性」を発見できるような「横軸」です。そのような「横軸」が見えれば，今まで思ってもいなかった，意外な視点からの解決方法（分野横断的）が見えてくるかもしれません。この本は，みなさんの「生きづらさ」が少しでも和らぐような「ヒント（処方箋）」が見出せれば，という思いで書かれています。

　第1章（大塚類担当）は，「過保護にされてちゃだめですか？」という問いに，「はい，過保護じゃだめです」と答えています。なぜなら，過保護の状態とは，「自分のあらゆる可能性を親に奪われているから」です。その「可能性」がたとえ失敗に終わったとしても，自分の可能性を自分で実現して自分で失敗したからこそ，これがほかの誰でもない「私の人生だ（当事者性）」というリアルな実感をもたらすのです。「じゃあ，親との関係はどうすればいいの？」と思ったあなた，ぜひこの論文を読んでその答えを見つけてください。

　第2章（相原征代担当）は，「女の子でいるのがつらいのはなぜ？」という問いに，「実は，女という「生活習慣病」に罹患しかかっているからだ」と答えています。英語の Man（男性）が「人間」をも指し示すように，この社会で「ヒト」とは一般的に「男」を示しており，その社会のなかでヒト（男）と同等に扱われたいヒト（女）は，ヒト（男）社会から排除されるという危険と戦い続けなければなりません。だから，このような社会に「適応」するためには，「女という生活習慣病」にかかったしまったほうが，はるかに楽なのです。「ええ？予防策はないの？」と思ったあなた，ぜひこの論文を読んでその答えを見つけてください。

　第3章（吉岡剛彦担当）は，「コンパでのイッキ飲みや多量飲酒を引き起こしている原因はいったい何か？」という問いに，「雰囲気」「ノリ」「流れ」と答えています。そのような「目に見えない非論理的な場の空気」がそうさせるのであり，だからこのコンパ問題は重大な問題なのだ，といいます。「コンパに行かなければいいだけじゃないの？」と思ったあなた，ぜひこの論文を読んでその理由を見つけてください。

　第4章（王柳蘭担当）は，「日本で外国人として生きることが難しい」という問いに，他者から押しつけられた偏見や障壁をそのまま受け入れてしまう

ことは，「自分の文化や宗教の誇りを失ってしまいかねません」といいます。同化や差別といった外部からの圧力に対し，自分自身を誇りに思い，ピンチに向き合い，そこに立ち向かう勇気を持つことが大事なのだそうです。「そんなこといっても，マイノリティとして生きていくのは大変だし……」と思ったあなた，ぜひこの論文を読んで，その答えを見つけてください。

　番外編（佐分利応貴担当）は，「もし，あなたの「生きづらさ」を解決したいのであれば，「ものさし（可視化）」を作るべき」といいます。性同一性障害や発達障害と呼ばれるような，「個人の問題」のように見えるものでも，「周囲が普通の人との違いを個性の一つとして受け入れてくれること」を目標とすれば，明確な目標が設定され，解決不可能ではなくなります。「でも，「目に見えないもの」も大事でしょ？」と思ったあなた，ぜひこの論文を読んでその答えを見つけてください。

　第5章（小山真紀担当）は，「災害後をどう生きるか？」という問いに，「本当は，災害が起こる前に考えておくのが最善の方法である」と答えます。多様化した現代社会では，ライフスタイルや価値観，職業や働き方，日常的に抱えている困難さが非常にさまざまなので，平常時から相互理解を心がけていなければ，非常時に相手の考え方や生活，その人の抱えている困難さを理解するのは至難の業だからです。「じゃあ，何を準備すればいいわけ？」と思ったあなた，ぜひこの論文を読んでその答えを見つけてください。

　第6章（舩越高樹担当）は，「発達障害かもしれない」という問いに，「必要であれば診断を受ければいいし，そうしなくてもいい」と答えます。診断を受けることによるメリット（自分の苦手なことがはっきりして対処できる）もデメリット（何でも障害のせいにして逃げてしまうかもしれない）があるからです。「じゃあ，何から始めれば？」と思ったあなた，ぜひこの論文を読んでその答えを見つけてください。

　第7章（今井必生担当）は，「自分が病気かどうか」という問いには，「ある病気が今も昔も変わらず普遍的に存在する」という考えが含まれている，といっています。でも，その病気の存在自体が絶対的なものではないかもしれません。「病気か病気じゃないか」の判断基準は，歴史や文化，地域によってもさまざまです。「じゃあ，自分はどうなのか？」と思ったあなた，ぜひこの論文を読んでその答えを見つけてください。

　第8章（上野ふき担当）は，「自分が偏見にとらわれているかも」という問

いに，「あなたの価値観は，外部からの影響（環境）で培われているので，気に病む必要はない」と答えています。しかし，「その環境を作っているのもあなた自身です」ともいっています。「これが自分の価値観だ」と思っていることは，その人の周りの人びと（親，親戚，友達，先生，仕事仲間）の価値観がいつの間にかすり込まれている可能性が高く，それはあなたの周りの人にも同様の影響を与えるからです。「じゃあ，私の中の偏見はどうすれば？」と思ったあなた，ぜひこの論文を読んでその答えを見つけてください。

　先述の「生きづらさ学」共同研究でわかったことの一つに，「生きづらさ」の原因が「他者との関係性」にあることが見落とされている場合が多い，ということがあります。自分が原因なら，「自分を変えればいい（けどそれができない）」とか，社会が原因なら「あきらめるしかない（か，社会が変革されるような活動に参加する）」という結論になるのですが，意外と「他者との関係性」に原因があることには気づかないのです。たとえば，「親に縛られている」という生きづらさだとしたら，「うるさく言う親が悪い」とか，「親に逆らえない自分が悪い」ということには気がつくのですが，そもそも「親と子どもという特殊な関係」から派生している「しんどさ」（他人に言われても無視できるが，親は無視できない）である，ということには気づきにくく，その原因が「親には逆らってはいけない」という一般的通念を受け入れている自分の価値観にあるかもしれません。そうだとすれば，親との「特殊な関係性」に対するこの一般的通念を受け入れるかどうか，という問題として見ることが可能になります。ただ，この関係性にある原因は，「自分だけ変わればいい」という訳でもないし，だからといって「変えられない」訳ではない（「気にしなければいい」というレベルかもしれない）ので対処が難しいのですが，先述のようにこの原因はよく見落とされがちなので，逆に「発見する」だけでも生きづらさの軽減につながるかもしれません。この「他者との関係性」に注意しながら，読みすすめてもらえれば，と思います。
　とにかくこの本で，あなたの「生きづらさ」の処方箋が見つかるといいですね。

相　原　征　代

目　　次

この本を読むあなたへ　*i*

この本の使い方　*viii*

生きづらさインデックス　*ix*

Ⅰ．この「状況」，どうにかならない？
——周りに対する「生きづらさ」を抱えながら——

1　私って，過保護にされてる？—————————— 3
　……「臨床現象学」からの処方箋（大塚　類）
　1　はじめに：家族をめぐる「あたりまえ」の問い直し　4
　2　親との関係を〈見える化〉してみよう（実践編）　6
　3　過保護が続くと何が起こるのか（理論編）　8
　4　おわりに：親は一番身近な〈他者〉　13

2　その「区別」，本当に必要ですか？—————————— 19
　……「社会学」からの処方箋（相原征代）
　1　はじめに：女という『生活習慣病』　20
　2　「女病」の特徴　21
　3　「女病」にかかるべきか？　「男病」はないのか？　22
　4　男女の区別，本当に必要ですか？：「女病」の予防のために　26
　5　おわりに：女病予防ワクチンとしてのフェミニズム　28

3　「空気」には逆らえない？—————————— 33
　……「法哲学」からの処方箋（吉岡剛彦）
　1　コンパ問題なんて，重要じゃない，か？　34
　2　大学生のコンパ事情　37
　3　"空気"という暗黙のルール：内部告発にも目くばりしつつ　41
　4　"空気"の取扱説明書はあるか？　47

4　ピンチをチャンスに—————————— 53
　……「文化人類学」からの処方箋（王　柳蘭）

1 はじめに：「外国人」として生き抜くこと　55

2 タイに暮らすムスリム移民の話　56

3 おじいちゃんの移民経験を知る：翻弄された歴史　57

4 移民はどんな影響を受け入れ国に及ぼしたのか　59

5 多様な「ピンチ」に直面する　60

6 移民たちのネットワーク力①：宗教を活かしたつながりへ　61

7 移民たちのネットワーク力②：民族の壁を超え，次世代に教育の機会を　62

8 心のピンチ，民族のピンチを乗り越え，新しい未来を生み出す　63

【番外編】生きづらさの「モノサシ」——————————67
……モノサシを作れば世界が変わる（佐分利応貴）

1 社会問題を解決するには　67

2 問題を「見える化」しよう　71

3 問題を指標化しよう　75

4 問題の対策を考えよう　79

5 むすび：目に見えないもの　84

Ⅱ．この「気持ち」，どうにかならない？
——もやもやとした「生きづらさ」を抱えながら——

5 こんなはずじゃなかった——————————89
……「防災学」からの処方箋（小山真紀）

1 はじめに：災害から見た生きづらさ　90

2 避難所での生きづらさ　92

3 長距離避難の生きづらさ　94

4 おわりに　98

6 大学生活いろいろ難しい——————————101
……「障害学生支援」からの処方箋（舩越高樹）

1 ボクの難しさ　102

2 相談にのってもらうということ　104

3 障害かどうかわからない：診断を受けるということ　107

4 診断を受けてみた　111

5　修学上の合理的配慮を受けるには：合理的配慮は何をどこまでしてもらえるのか　113

6　修学上の合理的配慮を受けて，その後は……　116

7　集中できないのは病気だから？ ———————————— 119
……「精神医学」からの処方箋 （今井必生）

1　病気か病気じゃないか　119

2　心の病気とは何なのでしょう？　120

3　「今の診断基準」と「今までの診断」　121

4　地域・文化による違い　127

5　個人の体験　129

8　あなたの偏見はどこから？ ———————————— 133
……「環境分析」からの処方箋 （上野ふき）

1　はじめに：何を望むのか？　134

2　意思決定の方法　137

3　「観」の形成過程　139

4　おわりに：「観」はあなたがつくっている　144

＊

おわりに　149

この本の使い方

　この本は，もちろん普通に最初から順番に読んでもらってもいいのですが，「あんまり時間がない」とか，「自分に身近なものから先に読みたい」という方は，次のような使い方もできます。

　①目次を見て，各章のタイトルから「自分にピッタリくる」生きづらさから選んで読んでいく，という方法もあります。

　②それぞれの章の生きづらさに関連する，「生きづらさインデックス」を作りました。この生きづらさは，「きっとこんな生きづらさを抱えた人がいるだろう」と想像しながら各章に関連するように作られています。この「生きづらさインデックス」のなかに，「あ，こんな生きづらさ，自分にも当てはまる」と思うものがあれば，その先にページが書いてありますので，そこから読んでみるのもいいかもしれません。

　③この本は，2部構成になっています。あなたの「生きづらさ」は，どちらかというと，家族や友人・知人との関係に関するものですか？　それとも，自分の心の中の問題ですか？
　前者なら，
　「I.　この「状況」，どうにかならない？——周りに対する「生きづらさ」を抱えながら」
の生きづらさインデックスを見ると，自分に近い「生きづらさ」が見つかるかもしれません。
　後者なら，
　「II.　この「気持ち」，どうにかならない？——もやもやとした「生きづらさ」を抱えながら」
の生きづらさインデックスを見ると，自分に近い「生きづらさ」が見つかるかもしれません。

　④各章の最後には，「生きづらさインデックス」に共感した人への短いアドバイスが載っています。「生きづらさインデックス」で，自分にぴったりだと思うものを見つけた場合には，本文を読む前にそこから先に読んで，自分でその意味をよく考えてから，本文を読むのもお勧めします。

生きづらさインデックス

Ⅰ. この「状況」, どうにかならない?——周りに対する「生きづらさ」を抱え
　　ながら

　◉親に縛られているかもしれない自分の生きづらさ
　　　⇒ 3頁「私って, 過保護にされてる?——「臨床現象学」からの処方箋」
　　　へ。
　◉『女の子』でいるのがつらい自分の生きづらさ
　　　⇒ 19頁「その「区別」, 本当に必要ですか?——「社会学」からの処方
　　　箋」へ。
　◉サークルの飲み会がつらい自分の生きづらさ
　　　⇒ 33頁「「空気」には逆らえない?——「法哲学」からの処方箋」へ。
　◉『外国人』としての生きることのめんどくささ
　　　⇒ 53頁「ピンチをチャンスに——「文化人類学」からの処方箋」へ。

Ⅱ. この「気持ち」, どうにかならない?——もやもやとした「生きづらさ」を
　　抱えながら

　◉誰にでも起きうる被災した私の生きづらさ
　　　⇒ 89頁「こんなはずじゃなかった——「防災学」からの処方箋」へ。
　◉『発達障害』かもしれない自分の生きづらさ
　　　⇒ 101頁「大学生活いろいろ難しい——「障害学生支援」からの処方箋」
　　　へ。
　◉『私は病気?』がつらい自分の生きづらさ
　　　⇒ 119頁「集中できないのは病気だから?——「精神医学」からの処方
　　　箋」へ。
　◉望まない偏見に陥ってしまう自分の生きづらさ
　　　⇒ 133頁「あなたの偏見はどこから?——「環境分析」からの処方箋」
　　　へ。

I.

この「状況」，どうにかならない？

――周りに対する「生きづらさ」を抱えながら

生きづらさインデックス

親に縛られているかもしれない自分の生きづらさ

1

私って，過保護にされてる？

……「臨床現象学」からの処方箋

大塚　類

❏「私って過保護にされてるのかも……」と悩み始めた 19 歳のカホさん（仮名）

　大学 1 年生女子です。サークルに入ったり，新しい友達が増えたり，大学に入ってから自分の世界がぐんと広がりました。帰りが深夜になることがあったり，夏休みに友達と旅行に行ったり，サークルの合宿に参加したりするなかで，「友達や先輩と比べて，ウチって過保護なのかな……？」と思うようになりました。

　たとえば，家が郊外にあって駅から少し遠いので，専業主婦の母がいつも駅まで車で送り迎えしてくれています。朝帰りは絶対禁止なので，終電を逃しちゃったときには，何時間かかっても父か母が車で迎えに来てくれます。友達との旅行やサークルの合宿のときは，全部のスケジュールはもちろん，一緒に行く全員の名前と連絡先を伝えます。旅行中には毎日，家族 LINE に写真を送る約束になっています。

　私のこういう状況を知って，「親に大切にされてるんだね」っていってくれる人もいれば，「それって過保護すぎじゃない？」と顔をしかめる人もいます。はじめて「過保護」っていわれてびっくりしています。でも，よく考えてみたら，過保護な気もするんです。

　母とは毎日かなり LINE をしていて，未読のままだったり，既読をつけたのにすぐに返事をしないと，心配して電話が何度もかかったりします。家のことはすべて母がやってくれるので，私は何もしません。買い物や美容院も母と一緒に行きます。髪型・化粧・服装を，母が毎朝確認

してくれるので，安心して外出できています。

　今までこれがあたりまえだったし，反抗して親を悲しませたくもない
し。親や家族と仲が良かったり，大切にされたりしてるのって，幸せな
ことですよね？　でも，一人暮らしで頑張っている友達の姿を見てると，
「このままで本当にいいのかな……」と，ふと不安になります。私って，
過保護にされてますか？　過保護にされてちゃだめですか？

1　はじめに：家族をめぐる「あたりまえ」の問い直し

1.1 〈親〉の存在感が大きな時代

　厚生労働省の調査によると，2016年の日本人の平均寿命は，女性87.14歳，
男性80.98歳です。女性の初産年齢は平均30.6歳，男性の初産年齢は平均[*1]
32.5歳ですから，50年～60年にわたって親子関係が続く計算になります。[*2]
とても長い年月です。

　今の親子関係は，さまざまな言葉で表現されています。カホさんも語って
いたように，買い物や旅行に一緒に行ったり，洋服の共有をしたりする「友
達親子」。毎日連絡をとったり，下の名前で呼んだりするなど，母親との心
理的な距離が近い「ライト（ソフト）マザコン」。母親との関係が充実して
いる子どもを意味する「ママ充」等々。これらの言葉は，当初，密着しす
ぎている親子関係を第三者が揶揄する文脈で語られていました。しかし近年，
当事者である親や子どもが，自分たちの関係をこれらの言葉でポジティブに
語るようになってきています。というのも，こうした密着した関係が，親子
の一つのありようとして，一般的に受け容れられつつあるからだと思います。
他方で，母親と娘の関係を中心として，子どもを過度に支配したり傷つけた
りする「毒親・鬼親」についても，たくさんの書籍やマンガが出版されたり，[*3]
テレビで特集が組まれたり，ドラマ化されたりしています。

　このように，親子関係が継続する期間の長さからしても，親子関係の密接
さからしても，今は，〈親〉の存在感が（良くも悪くも）大きな時代だとい
えそうです。

1.2　自分の〈あたりまえ〉の問い直し

　筆者は，大学の教員として，学生と日々かかわっています。学生たちの多くは，自分の親や家族と仲が良いことを嬉しそうに話してくれます。他方，学生たちから寄せられる相談も，親の不仲や，親からの過剰な束縛など，親や家族に関する内容がとても多いです。さらには，「うちは家族みんな仲良しで……」と語っていた学生が，実は，「毎日夕食は家で食べなければならない」，「一か月の予定を月頭に提出し，変更は基本的に許されない」といった，厳しい家庭内ルールに違和感を覚えながらも，そんなふうに感じてしまう自分を「親不孝だ」と責めて苦しんでいた，ということもありました。

　日常生活のなかで，自分の家庭や親子関係について，こと細かに語る機会はほとんどありません。ですから，私たちは，自分の家庭や親子関係を，特に疑問に思うことなく〈あたりまえ〉だと感じています。さらに私たちは，「家族や親子は，仲が悪いよりは良いほうがいい」，「親不孝より親孝行のほうがいい」といった世間一般の〈あたりまえ〉[*4]にも浸っています。上述した学生も，「仲の良い家族は夕食を一緒に食べるのが普通」，「学費や生活費を出してもらっているのだから親に何でも知らせるべきだ」というように，自分の家庭での〈あたりまえ〉と世間一般の〈あたりまえ〉に，二重にしばられて苦しんでいます。あたりまえだからこそ，「自分の家のルールはおかしいんじゃないか」と考えるのではなく，「おかしいと思うなんて親不孝だ」と自分を責めたり，「親にご飯を作ってもらっているんだから」，「家族仲が良いのはいいことなんだから」と，自分に言い聞かせたりすることになったわけです。

　私たちの身の周りは，さまざまな〈あたりまえ〉であふれています。あたりまえは，あたりまえだからこそ，普段の生活のなかでは意識されることさえありません。あたりまえに浸っているとき，私たちは，何も考えなくて済んでしまう，つまり，思考停止できてしまいます。しかし，みなさんが本章を今読んでいるのは，自分の家族のあり方に少し違和感を抱いたり，「私／僕って，過保護にされているのかも。このままでいいのかな？」と不安に思ったりしているからではありませんか？　もしそうなら，今が，自分の家族や親との関係について立ち止まって考えてみるチャンスです。あたりまえのなかで思考停止せずに，もう少し考えてみませんか？

2 親との関係を〈見える化〉してみよう（実践編）

2.1 見える化の手順

　自分と親との関係について考えるために，まず，この一週間で親が自分にしたこと，自分が親にしたことを書き出してみましょう。現象学者のメルロ＝ポンティは，「言葉は，言葉を語る者にとって，すでにでき上がっている思想を翻訳するものではなく，それを完成するものだ」（メルロ＝ポンティ1967），といいます。頭で考えているだけではだめで，（話し言葉でも書き言葉でも）言葉にすることで，はじめてわかるようになったり，見えてきたりすることがある，というわけです。

　では，言葉にする作業，いいかえると，〈見える化〉の作業に入りましょう。まず，①この一週間で親が自分にしたこと，②その理由，③自分はそれをどう思ったか，を書き出してみましょう。同じように，④この一週間で自分が親にしたこと，⑤その理由，⑥親はそれをどう思ったか，を書き出してみましょう。「②親が自分にしたことの理由」，「⑥自分が親にしたことについて親がどう思ったか」は，想像で埋めてかまいません。行動の理由や，それについてどう思ったかについては，自分の部分も親の部分も，書けないところは空欄でかまいません。

2.2 書き出して見えてきたこと

　図は，本章冒頭のカホさんの語りをもとに作った，親との関係の〈見える化シート〉です。カホさんの場合には，親が彼女にしたことのほうが，彼女が親にしたことよりだいぶ多いようです。このような割合になる人が多いのではないでしょうか。

　行為の理由や，それに対してどう思ったかを書くのが難しかった，という人もいることでしょう。カホさんの駅の送り迎えのように，長いあいだ毎日行われていることだから，あたりまえにしか思えないかもしれません。家事全般も，親がやるのがあたりまえなのかもしれません。そもそも，「親なんだから子どもに何でもしてくれてあたりまえだし，理由なんて考えたこともなかったよ」という人もいるかもしれません。

　1.2で，自分の家庭での〈あたりまえ〉は，あたりまえすぎて意識されに

親に縛られているかもしれない自分の生きづらさ

```
カホさんの見える化シート
①親→自分              ②理由              ③自分の思い
・駅までの送り迎え       危ないから          中学のときからだからも
                                            うあたりまえ

・毎日LINE             心配だから          少しめんどくさい

・家事全般             専業主婦だから       あたりまえ(ありがとう)

・髪型とかの確認        私がお願いするから    安心できる(ありがとう)

・私の買い物に付き合う   お金出すのは親だから  あたりまえ(ありがとう)
                       自分も楽しい

④自分→親              ⑤理由              ⑥親の思い
・毎日LINE             やらないと心配されるから  安心

・夕飯を一緒に食べる     母がひとりになるから   嬉しい

・愚痴をきく           母がイライラしないように  嬉しい・ストレス発散
```

くく，疑問を抱きづらいことを確認しました。しかし，自分のあたりまえが
一般的にはあたりまえでないかもしれないことに，気づく方法があります。
〈見える化シート〉を，友達と見比べてみることです。

　友達と遊びに行くたびにおこづかいをもらうこと。自分の自転車の空気を
入れておいてもらうこと。足の爪を切ってもらうこと。自分の家では，理由
も必要にならないほどにあたりまえな事柄でも，「こんなことまでやっても
らってるの？」，「これはさすがに過保護だよ」，などと友達に指摘されるか
もしれません。他方，朝起こしてもらうこと。スマホ代を払ってもらうこと。
家にタダで住まわせてもらっていること。自分にはあたりまえ過ぎて思い浮
かびもしなかった事柄を，親にしてもらっていることとして挙げている友達
がいるかもしれません。同じように，親にしたことの項目では，バイト代で
親に仕送りをすること，働いている両親の代わりに祖父母の介護をすること
など，「こんなことまで親のためにやってる人もいるんだ」，と考えさせられ
るケースもあるかもしれません。

　親との関係の見える化から，友達と見せあうことまでの一連の作業をとお
して，みなさんに気づいて欲しいことが三つあります。一つ目は，すでに述

1　私って，過保護にされてる？　　7

べたように，自分の家でのあたりまえが，一般的にはあたりまえではないかもしれないことです。二つ目は，親が自分にしてくれたことのなかに，自分にとってはあたりまえ過ぎて気づいていないことがたくさんあるかもしれないことです。三つ目は，親が子どものためにすることも，子どもが親のためにすることも，どこまでが適切でどこからがやりすぎかに明確な線引きがない，ということです。

3　過保護が続くと何が起こるのか（理論編）

　過保護にされてちゃだめですか？　カホさんの語りはこの言葉で締めくくられています。これまで関わってきた大学生たちからも，何度もこの言葉を問いかけられてきましたが，筆者の答えはいつも同じです。「はい，過保護じゃだめです」。

　過保護ではなぜだめなのか，過保護が続くと何が起こるのかについて，本節では，現象学者マルティン・ハイデガーの「可能性（Möglichkeit；possibility）」という言葉を手がかりとしながら考えていきます[*5]。

3.1　自分の可能性

　私たちは，今日の服装という小さなことから，進路選択といった大きなことまで，自分にまつわるありとあらゆる事柄を自分で選んで実行しています。進路選択を例に挙げると，一般就職，公務員，教員，起業，家業を継ぐ，大学院進学など，多様な選択肢があります。こうした選択肢の一つひとつが，自分自身の〈可能性〉なのだと，ハイデガーはいいます。

　さらに，大学卒業後の進路を教員にした場合について考えてみましょう。教員になるという可能性を選択することで，その実現に向けて，新たな可能性（選択肢）がさらに生まれてきます。自分が教員に向いているかどうか実際に確認するために，学校ボランティアや塾講師のアルバイトを始めること。大学のボランティアサークルや，学部学科のゼミに入って，志を同じくする仲間を見つけること。公立学校の教員採用試験に向けて勉強を始めること。私立学校も視野に入れて私学教員適性検査に向けた勉強も加えること。小説やマンガを読んだり，映画を観たり，国内外に旅行に行ったり，といったさまざまな体験も，教員になったときに活かせるという観点からすると，教員

になるという可能性にまつわる諸可能性だといえるでしょう。

このように，私たちはそのつど，さまざまな可能性のうちから一つを選び
とり，行為することで実現し続けています。可能性の実現がうまくいく場合
もあれば，失敗する場合もあります。うまくいったときの喜びも，失敗した
ときの後悔や悲しみも，自分の可能性を自分で選び取り実現することに伴う
リアルな実感だといえます。こうした可能性の実現を積み重ね，それに伴う
さまざまな感情を味わうことをとおして，私たちは，「これが私の人生だ」
という当事者性をもって生きていくのです。

3.2　自分でやれることの確認

2.1 で書いた，親との関係の〈見える化シート〉をもう一度見てみましょ
う。そして，「①この一週間で親が自分にしたこと」で書いた項目のうち，
やろうと思えば自分でやれることに○印を，一部ならば自分でやれそうなこ
とには△印をつけてみてください。

カホさんの場合で考えてみましょう。彼女が挙げていたのは，駅までの送
り迎え，毎日 LINE すること，家事全般，髪型や服装を毎朝確認すること，
買い物や美容院に一緒に行くこと，の５項目でした。

駅までの送り迎えについて（○）。悪天候や深夜などの場合を除けば，徒
歩や自転車などの手段を用いて，自分一人で通学することができそうです。

毎日 LINE をすることは，親と彼女が互いにやっていることなので，除外
します。

家事全般について（△）。家事全般とは，具体的には，家全体の掃除，ゴ
ミ出し，家族全員の洗濯（洗濯機に入れて，干して，たたんでしまうまでの
一連の行程），食事の世話（食材等々の買い物，朝食・お弁当・夕食作り，
食後の片づけ）といった日々の家事から，家賃・光熱費・通信費の支払い，
電灯など消耗品の交換とストック，庭木の手入れなど不定期の家事まですべ
てを含みます。こうした家事全般のなかから，自分のための家事（部屋片づ
け，自分の洗濯，自分のお弁当）は自分でできそうです。さらに，早く帰れ
るときは，家族の夕食をカホさんが作る，夕食の後片づけやお風呂の掃除は
いつもカホさんがする，というルールを作ることもできそうです。

髪型や服装を毎朝確認してもらうことについて（○）。自分から母親の意
見を求めないようにすることはできます。自分は聞いていないのに母親がア

1　私って，過保護にされてる？　　9

ドバイスしてくる場合でも，その意見を取り入れるかどうかは，カホさん次第だといえます。

買い物や美容院に一緒に行くことについて（○）。買い物や美容院には一人で行けますし，一人がどうしても寂しいのであれば，友達を誘うこともできます。「お金をお母さんが出してくれているから」，とカホさんは反論するかもしれません。

大学生の子どもにアルバイトをさせるか，お金を親がどこまで出すかは，家庭の経済状況や親の考え方によって大きく違ってくるようです。すでに述べたように，遊びに行くたびに親からお金をもらっている学生もいれば，自分の学費や生活費をアルバイトと奨学金でまかなっている学生もいます。カホさんのように，アルバイトをせずに，美容院代や洋服代といった生活費すべてを親に出してもらっている学生もいれば，家賃・光熱費・食費・通信費といったライフラインのお金以外の生活費は，すべて自分のアルバイト代から出している学生もいます。定職についていない学生という自分の立場に甘えたくなる気持ちはよくわかります。親がお金を出してくれるといっているのにそれを断るのは，かなりの自立心と覚悟がいることでしょう。しかし，アルバイトを始めたり，働く時間を増やしたりすれば，（せめてライフライン以外の）自分の生活費を自分で出すことも可能なはずです。

3.3　過保護とは子どもの可能性の選択と実現を親が奪うこと

この作業をとおしてみなさんに確認してほしいのは，親が自分にしたことのほとんどを実は自分一人でやれる，ということです。3.1 で述べた〈可能性〉という観点からすると，自分でやれることを親にやってもらうことは，自分の可能性の選択と実現を親に委ねてしまうことだといえます。

こうした可能性の選択と実現という観点から見た他者関係を，ハイデガーは，「顧慮的な気遣い（Fürsorge；solicitude）」と名づけています。相手のことを顧慮して，つまり相手のことを思いやったり考慮したりして気遣うことです。その一つとしてハイデガーが挙げているのが，「尽力し支配する顧慮的な気遣い」であり，この気遣いは過保護な親子関係にまさにあてはまります。

尽力し支配する顧慮的な気遣いとは，読んで字のごとく，相手の可能性の選択をその責任もろとも引き受け，時には可能性を代わりに実現したり，時

には可能性の実現のために力を尽くしたりすることで，相手を自分なしではいられなくさせるような関わりです[*6]。「髪型・化粧・服装を，母が毎朝確認してくれるので，安心して外出できています」，というカホさんの語りを例にとり，具体的に考えていきましょう。

どんな髪型・化粧・服装で出かけるかは，もちろんカホさんの可能性です。実際に実現するのもカホさんです。しかし，おそらく寝起きの段階から，「雨が降ると髪が広がるから，今日は結んでいったほうがいいんじゃない？」，「アルバイトの面接に行くなら，お化粧は濃くないほうがいいわよ」，「夜から急に寒くなるみたいだから，上着を持っていきなさい」等々，母親のアドバイスを受けているはずです。これらアドバイスを取り入れて身だしなみを整え，母親のOKをもらって家を出るとき，カホさんは自分の可能性を母親に委ねてしまっています。さらに強くいえば，カホさんの可能性は，すでに母親に奪われてしまっています。カホさんが自分で決めたのではなく，母親が決めてくれた髪型・化粧・服装になっているからです。

カホさんが安心できる理由は二つあります。一つは，母親の客観的な目で，TPOにふさわしいかどうかや，服装や化粧のバランスや，自分に似合っているかどうかを判断してもらえるからです。もう一つは，もし何か間違いがあったとしても，母親が共犯（あるいは単独犯）になってくれるからです。「お母さんがいうから上着持っていったのに，夜になってもぜんぜん寒くならなかったじゃん。おかげでみんなから，「相変わらず心配性だね〜」って笑われちゃったよ」，などというように。

カホさんをはじめとする過保護にされている子どもは，自分の可能性を自分で実現する充実感よりも，顧慮的な気遣いによってもたらされる安心感を選ぶようです。しかし，こうした安心感と引きかえに，自分に自信が持てなくなりますし，試行錯誤を経て身をもって学ぶという経験ができにくくなります。

カホさんは，美容院も，買い物も，母親と一緒に行っているのでした。とすると，彼女の基本の髪型も，ワードローブも，母親のOKが出たものであり，髪を結ぼうが下ろそうが，どんな服装の組み合わせにしようが，そもそも母親が認めてくれている，という安心感に支えられていることになります。そうやって身だしなみを整えて外出した先で，髪型や化粧や服装をほめられたとしましょう。本当にほめられるべきは母親のセンスであって自分ではな

いことを，誰でもないカホさん自身が実感するはずです。ほめられても手放しで喜ぶことができなくなります。と同時に，「やっぱりお母さんと一緒に買い物に行って，外出前に確認してもらわなきゃ」と，母親への依存度合いが深まってしまいます。

　母親に奪われた可能性を実現して成功したとしても，それは自分の成功体験にはなりません。こうした成功体験を重ねれば重ねるほど，自分の可能性であるにもかかわらず（あるいは自分の可能性だからこそ），自分だけで選択して失敗することが怖くなります。しかし，そうやって自分で自分の可能性を選択しないでいると，「自分は一人で自分の可能性を選びとって実現できるのだ」という主体的な感覚も，可能性を実現した結果こうむる自分自身の喜びやつらさといった当事者感覚も，しっかりと抱けなくなってしまいます。[7]

3.4　親は親の可能性を実現しているだけ

　3.3 では，子どもの可能性の選択と実現を親が〈奪う〉という，いささか過激な言葉を使いました。しかし，カホさんの例からも明らかなように，自分の可能性の選択や実現を，カホさん自身が母親に委ねています。そうしたカホさんの思いに応える形で，母親はカホさんの可能性の選択を肩代わりし，可能性の実現を全面的にサポートしています。「尽力し支配する顧慮的な気遣い」の言葉どおり，子どものためにと尽力した結果，自分で自分の可能性を選択し実現することと，それに伴う責任や主体性や当事者性を，母親が子どもから奪うことになってしまったのです。母親自身は，子どもの可能性，ひいては子どもの人生を奪おうと意図しているわけでは決してないはずなので，皮肉な結果です。

　次に，親の可能性に目を向けてみましょう。カホさんの母親を例に挙げると，娘を駅まで送り迎えすること，娘に毎日 LINE すること，家事全般をこなすこと，娘の身だしなみにアドバイスをすること，娘と美容院や買い物に一緒について行くことはすべて，母親自身が自分で実現した自分の可能性です。子どものために，子どものことを思って尽力した結果であるとしても，母親自身が自分の責任でその可能性を選び取り，自分の意志で実現した，自分自身の可能性なのです。

　「あなたのためを思ってやってあげたのに……」。「子どもたちのために私

／俺がどれだけガマンして苦労してきたか……」。これまでの人生のなかで，親からこのような言葉をかけられた人もいるかもしれません。こうした言葉を真摯に受け止めて，親や家族に関して違和感や理不尽さを覚えそうになる自分を，親不孝だと責めている人もいるかもしれません。

　上述のような言葉を親が子どもに語るのは，子どもが自分のいうことを聞かなかったり，子どもが自分の思うとおりに育たなかったりなど，子どもとの関係がうまくいっていないときでしょう。可能性という観点からすると，親自身の何らかの可能性の実現が失敗した（あるいは失敗しつつある）ときだといえます。親は，失敗した可能性を選び取った理由を子どものせいにすることで，少しでも自分の責任を軽くしようとしているといえます。繰り返しになりますが，子どものためにガマンしたり苦労したりするという可能性を，自分の意志で選び取り実現したのは，他でもない親自身です。その結果がどのようなものであれ，それを引き受けるべきは，子どもではなく，親自身です。子どものためにそうすることを，自分自身で選んで実現したのですから。

　親であろうが，子どもであろうが，私たちは本来，自分自身の可能性を，自分の責任で選び取り，実現し，その結果を引き受けなければなりません。親に自分の可能性の選択を委ねることも，委ねられた子どもの可能性を選択し実現に尽力することも，子どものためを第一の判断基準として自分の可能性を選択することも，すべては，自分の意志で選んで実現した自分の可能性です。こうした観点を持てば，親が子どものためにするさまざまな事柄を，子どもであるみなさんが，過度にあたりまえだと思うことも，過度に負い目に感じることも，少しはなくなるのではないでしょうか。

4　おわりに：親は一番身近な〈他者〉

4.1　先延ばしすることの恐ろしさ

　1で述べたように，少子化と高齢化が進む昨今，互いに互いの存在感を強く感じ合う親子関係が，半世紀以上にわたって続くことになります。

　一緒にお風呂に入ること，添い寝をすること，一緒に買い物に行くこと，着ていく服を選ぶこと，一緒に宿題をやること，学校まで送り迎えすること等々。一定の年齢まではあたりまえなこうした親子関係が，子どもの年齢が

高くなるごとに〈過保護〉とみなされるようになります。一般的には，親の教育的配慮や，子どもの自立心の芽生えなどによって，親子のありようは年々変化していきます。他方で，本章で見てきたように，小さいときからの関係が変わらないままの親子が増えてきているように感じます。あるいは，関係が半世紀にわたるようになってきたため，変化が緩やかになってきているのかもしれません。

　いずれにせよ，大学生ほどの年齢になれば，ほとんどのことを自分でやれるようになっています。にもかかわらず，これまでの関係の惰性や，親の過干渉や，子どもの甘えなどを理由として，親が子どもの可能性の選択を肩代わりしたり，可能性の実現に尽力したりすることによって，自分で自分の可能性を選択し実現する機会や意欲を，親が子どもから奪うことになってしまいます。可能性の選択や実現を親から奪われた子どもは，自分だけで選択して失敗することが怖くなります。と同時に，「自分は一人で自分の可能性を選びとって実現できるのだ」という主体性や，可能性を実現した結果こうむる自分自身の喜びやつらさといった当事者性を，しっかりと抱けなくなってしまいます。その結果，さらに親に依存するという悪循環が生じることになります。そうやって時間を重ねるうちに，自分で自分の可能性を実現できるという感覚はおろか，自分の可能性が何であるのかさえ，わからなくなってしまいます。自分の人生が自分のものではなくなってしまうこと。これはとても恐ろしいことです。ですから，「過保護にされてちゃだめ」ですし，一刻も早く過保護から脱け出す必要があるのです。

4.2 〈他者〉である親との距離感

　筆者の祖父は，90歳の寝たきりになって意識がぼんやりとした状況でさえ，60歳を超えた息子（筆者の父）のタバコ代を心配していました。「親にとって何歳になっても子どもは子ども」とよくいいますが，親のありようを変えることはそれほど難しいのです。だからこそ，今の親子関係に違和感を覚えているのならば，子どもである自分が変わるしかありません。

　本章のまとめとして，親は一番身近な〈他者〉である，ということについて考えたいと思います。筆者が授業などでこういうと，多くの学生から，「親子の縁は切っても切れない」，「親のことを他人だなんて思えない」などと反論が来ます。勘違いしてほしくないのは，〈親は他者である〉と自覚す

ることは，親を嫌いになることでも，親子の縁を切ることでもなく，むしろその逆なのだということです。

　一卵性親子といわれるほど考え方や価値観が似ていようが，子どもが産まれてから親が亡くなるまで同居していようが，親は，自分とは異なる人生を歩み，自分とは異なる人格を持った，自分とは異なる人間，つまり〈他者〉です。哲学でいう〈他者＝自分とは異なる存在者〉と，一般的に使われる〈他人＝血のつながらない人や縁の遠い人〉を学生たちは混同するため，上述のような反論が来るのかもしれません。

　親とのそりが合わなくて苦しんでいたり，親からの過干渉に悩んでいたり，親に甘えすぎている自分を不安に思っていたり，親は何もしてくれないと恨みに思っていたり……。こうしたすべての親子関係のもつれは，親は自分とは異なる〈他者〉なのだ，という事実を自覚することで解きほぐすことができる，と筆者は考えています。

　親は自分とは異なる〈他者〉なのだ，と自覚できないことで，親を自分と同一視したり，親と自分との境界線があやふやになったりしてしまいます。その結果，親子や家族は仲が良いはずだというあたりまえさを生きられずに苦しんだり，親をうとましく思う自分を「親不孝だ」と責めたり，「親は子どものために何でもやってあたりまえだ」と，親に過剰に期待したり依存したりしてしまうのでしょう。

　本章で繰り返し述べてきたように，自分自身の可能性の実現を誰かに委ねて，誰かに共犯になってもらえることは，一面ではとても楽なことです。たとえば，進路選択の失敗を，「お母さんがあのときあの学校を受けたら，っていったから……」と母親のせいにできれば，自分一人で失敗の責任を負わずに済むという意味で，少しは気が楽になるかもしれません。しかし，たとえ本命校の受験に失敗したとしても，浪人をする，就職をする，すべり止めとして受けていた学校に入学するなど，すぐに新たな可能性を選択し，実現しなければなりません。このように，ある可能性を実現することが，あとに続く無数の可能性の選択肢を生み出し，そこから一つを選び取ることで，さらなる無数の可能性の選択肢が生まれます。ある可能性の選択と実現を他者に肩代わりしてもらって失敗した場合でも，失敗したところから，新たな無数の可能性の選択肢が生まれます。その選択肢のなかから，いずれかの選択肢を選ばなければなりません。

1　私って，過保護にされてる？　　15

自分で選択した可能性であるならば，失敗に納得して先に進むことができるかもしれません。他方，選択を親に委ねた可能性である場合には，「やはりああしておけばよかった」，「自分の気持ちに素直になればよかった」などとずっと後悔し続けることになるかもしれません。親をずっと恨むつらさにさいなまれるかもしれません。このように，親を嫌いになったり，ずっと恨んだりせずに済むためにも，親は自分とは異なる〈他者〉なのだと自覚し，自分の可能性を自分で選択し実現していくことが大切なのです。

親は自分とは異なる〈他者〉であり，自分の可能性は自分で選択し実現しなければならない。頭ではわかったとしても，これまでの考え方や生活スタイルを変えるには時間がかかります。〈学生〉や〈子ども〉という立場に甘んじて，親にたくさんのことをやってもらっている状況はとても居心地がいいですし，強い意志を持たなければなかなか手放せないことでしょう。筆者の出会ってきた学生たちも，「20歳を越えたら」，「社会人になったら」，「結婚して独立したら」自分で何でもやるから大丈夫だ，といっていました。しかし，そうやって今実現できる可能性を先延ばしにする人は，おそらく20歳になっても，社会人になっても，結婚しても，親に甘えるのだと思います。

4.1で述べたように，自分の可能性を親に委ねてしまったまま時間を重ねれば重ねるほど，「自分は一人で自分の可能性を選びとって実現できるのだ」という主体性や，可能性を実現した結果こうむる自分自身の喜びやつらさといった当事者性を，しっかりと抱けなくなってしまいます。つまり，今実現できる可能性を先延ばしにしている間に，自分の可能性を見失ってしまい，親に甘えて生きるしか選択肢がなくなってしまうのです。

こうした恐ろしい事態におちいる前に，〈見える化シート〉に書きだした項目の一つからでいいので，親にやってもらうのではなく，自分でやるようにしてみてください。自分でやるようにしたら，案外，親は干渉せずに任せてくれるかもしれません。反対に，親が気分を害したり，さらに干渉してくるかもしれません。2.2の最後で述べたように，親が子どものためにすることも，子どもが親のためにすることも，どこまでが適切でどこからがやりすぎかに明確な線引きはありません。だからこそ，自分の家ではどこで線引きをするのか，親と話し合って合意していくプロセスを踏みましょう。親との合意ができない場合には，自分で責任をもって線引きを決め，実行しましょう。そうやって時間をかけて，少しずつ，自分にとっての親とのちょうどい

い距離感を探してみてはどうでしょうか。

○【ワタシの生きづらさ】へのワンポイントアドバイス

　カホさん，過保護にされてちゃだめなんです。親にご飯を作っても
らったり，何でも買ってもらえたりする関係は，楽で心地の良いもので
す。でも，こうした心地よさに甘えていてはだめです。自分のことを自
分の責任で決めて自分で実現すること。このことを自分の手に取り戻す
のは，早ければ早いほどいいです。傷が浅くて済みます。親は，一番身
近な〈他者〉です。親に何でもやってもらうのはおかしいですし，何で
も親の言いなりになる必要はありません。自分にとっての親とのちょう
どいい距離感を探してみませんか。

〈註〉

＊1　厚生労働省「平成27年度簡易生命表」より。

＊2　内閣府『平成28年版少子化社会対策白書』より。

＊3　例えば，信田（2008：2011），田房（2012），フォワード（2001：2015）など多数。

＊4　本章で考察の手がかりとする現象学という哲学の創始者であるエトムント・
フッサールは，こうした〈あたりまえ〉の感覚を，「妥当性の雰囲気」（フッサー
ル1974）と名づけています。私たちが日常生活を何の問題もなく過ごせているの
は，この妥当性の雰囲気に支えられているからなのです。

＊5　以下，本章でハイデガーの引用をする際には，『存在と時間』の邦訳版，ドイ
ツ語原著，英訳版を参考にしています。重要な言葉は，ドイツ語の原語と英訳を
並べて表記します。

＊6　ハイデガーは，顧慮的な気遣いのもう一つの様態として，「手本を示し解放す
る顧慮的な気遣い」を挙げています。この気遣いは，「尽力し支配する顧慮的な
気遣い」とは反対に，自分が手本を示すことで，多様な可能性に向かって相手を
自由にする，つまり，多様な可能性があることを相手に教え示す関わりです。た
とえば，はじめての食べ物を前にして子どもがとまどっているときに，まず大人
が食べてみせることで，「とりあえず一口かじってみる」，「丸ごと口に入れる」，「美
味しければそのまま食べ続ける」，「口に合わなければ一口でやめる」，といった
多様な選択肢を子どもに拓いてやる関わりだといえます。

＊7　親（特に母親）に自分の可能性の選択のほぼすべてを委ねてしまった結果，自
分がどんな人間で，何が好きで，何が嫌いなのかさえよくわからないまま年齢だ
け重ねてしまった学生に，筆者は何人か出会ったことがあります。

親に縛られているかもしれない自分の生きづらさ

〈参考文献〉

田房永子（2012）『母がしんどい』KADOKAWA/ 中経出版。

信田さよ子（2008）『母が重くてたまらない』春秋社。

信田さよ子（2011）『さよなら，お母さん』春秋社。

ハイデガー，M.（2003）『存在と時間 I II』原佑・渡邉二郎訳，中央公論新社（Heidegger, M.（1927）*Sein und Zeit*, Tübingen : Max Niemeyer. Being and Time. New York. : Harparperennial）。

フォワード，S.（2001）『毒になる親』玉置悟訳，講談社。

フォワード，S.（2015）『毒親の棄て方』羽田詩津子訳，新潮社。

フッサール，E.（1974）『ヨーロッパ諸学の危機と超越論的現象学』細谷恒夫・木田元訳，中央公論社。

メルロ＝ポンティ，M.（1967）『知覚の現象学1』竹内芳郎・小木貞孝訳，みすず書房。

生きづらさインデックス
『女の子』でいるのがつらい自分の生きづらさ

2

その「区別」，本当に必要ですか？

……「社会学」からの処方箋

相原征代

□「女の子」でいるのがつらい 21 歳のさくらさん（仮名）

　私は今 21 歳の女子大学生ですが，「女の子」として生きていく自信がありません。といっても，性同一性障害というわけではないし，好きな男性もいます。ただ，男子からの「女の子扱いされる」雰囲気がイヤなのです。「女の子だからあきらめなさい」といわれて育ったこともないし，小さい頃から母親に，「これからの時代は女も勉強して一流企業に勤めなさい」と励まされてきました。家事だって手伝わされてきました。でもなぜか，2 歳年上の兄は家事を手伝わされたことがありません。ただそれ以外では差別されたことはないので，「兄は不器用だから手伝ってほしくないのかな」くらいに思っていました。

　それが大学に入った頃から，男子からの「女の子はバカでかわいいのが一番」みたいな扱いが気になり始めました。男女は平等だと教わってきたのに，男子といると「女の子にはやさしくする」を建前に，実は「女の子を見下している」という気がしてなりません。私はただ，男子も女子も対等に接してほしいし，接したいだけなのです。ほかの女友達は，男子に「ちやほや」されることを心地よく思っているようで，「どうせ結婚したら家事・育児で苦労するから，今のうちに楽させてもらえばいいじゃん」といいます。自分を上に見せたいわけではないですが，だからといって「バカのふりをする」のもイヤなのです。でも，男子の中ではっきりと自分の意見をいうと，必ずしらけた雰囲気になります。

19

そのたびに、「いわなければよかった」という後悔と、「なんで女の子は議論をしたらいけないの？」という悔しさでグチャグチャな気持ちになります。

「周りを気にせず自分らしく生きたらいい」と思う反面、母の兄に対する態度を見ていると、「世の中は女の子になりきらないと生きていけない」と考えてしまいます。こんな私の生きづらさ、どうしたらいいのでしょうか。

1　はじめに：女という『生活習慣病』

「女とは病である」といった人がいます（中村 2008）。「人は女に生まれない。女になるのだ。」といった人もいます（ボーヴォワール 2001）。「女性は［……］病人のやうな蒼白い顔の月である」とも（平塚 1987）。どうやら男性性器を持たずに生まれたヒトの赤ちゃんは、「女という病気」に一度はかからないと生きていけないようです。いったん罹患してしまうとあとは楽なのですが、「なんでそんな病気にかからないと生きていけないわけ？」と考え始めると、さくらさんのように「女の子ってつらい」ということになります。

「女病」とは、「男性性器の欠損に起因する社会的に期待される役割すべて」を指します。俗にいわれる、「女の子なんだから身だしなみに気をつけなさい」とか、「女の幸せは結婚して子どもを産むことにある」とか、男性器欠損の代替物である子宮を空にしておくと「オニババ化する」（三砂 2004）とかもあります。欠損が原因ですので、「女病はある種の障害である」といわれるのも一理あるかもしれません。

「病気」なら罹患しないに越したことはないと思うかもしれませんが、残念ながら予防接種があるわけではないので、かかっていない人は、いつ「女病」にかかるかとビクビクしなければなりません。悪いことに、だいたいこの「女病」は、人生がうまくいかず、弱って抵抗力がなくなっているときに罹患することが多いのです。希望の大学に合格したとか、就職に向けて頑張っているとき、新しい仕事で張り切っているときにはあまりないのですが、就職に失敗したとか、仕事がうまくいかないというときに限って、この「女病」は襲ってくることが多いのです。抵抗力が弱っているのですから、ひと

たまりもありません。突然，結婚しないと人生が終わったように感じたり，子どもを産まないと人間として失格だ，などと悩み始めるという症状が現れてきます（香山 2005）。法定伝染病と同様，年を取ってからかかるとより重症化する，という傾向もありますので，さくらさんのように「あとで辛い思いをするなら，いっそ21歳の今に「女病」にかかってしまおう」と悩むのも当然です。

　しかし，私の最近の研究では，「女病」とは伝染病というよりも「生活習慣病」に近いということがわかってきました。厚生労働省の定義によると，「生活習慣病」は「食習慣，運動習慣，休養，喫煙，飲酒等の生活習慣が，その発症・進行に関与する疾患群」のことで，発症してしまうと予後が不良なため，予防が重要となります。糖尿病や高血圧がよく知られていますが，「生活習慣」を改め，適切な対処をすれば重症化を防ぎ，発症後もより良い生活を維持することが可能になります。昔は「成人病」といっていましたが，小さい頃からの生活習慣が基盤となって発症につながることもあるため，現在の「生活習慣病」に改められたそうです。規則正しく，バランスの取れた食事と適度な運動，ストレスの発散がこの病気予防と重症化を防ぐ重要な対処法となります。

2　「女病」の特徴

　「女病」が生活習慣病に近いというのは，次の点においてです。①特効薬はないが，「生活習慣」を変えると改善できる　②とにかく「予防」が大事　③女病になっても初期の頃は自覚症状がないので，人生すべてうまくいっているように感じるが，重症化すると日常生活にも支障をきたす，の3点です。①は，小さい頃から女病にかからないように，あるいはかかっても重症化しないような教育をされていることが重要になります。しかし，さくらさんのケースのように，2歳上の兄と違う育てられ方をしていると，重症化することが多々あります。②の予防に関しては，インフルエンザと違って手洗い・うがいで予防できるものではないので難しいのですが，実は最近「ワクチン」らしきものが開発されつつあります。これについては後述します。③はこのせいで，女病にかかった女性が彼氏や旦那と幸せな生活を送っているのを見て，「自分もいっそ女病にかかったほうが」と思うことが多々ありま

す。しかし，3組に1組の結婚したカップルが離婚で終わっているという
データもあるとおり，そのまま重症化せずに生きていける女性も少なくなっ
ているといえます。ついでにいえば，「生活習慣病」が昔は「成人病」とい
われていたというのも非常に酷似しています，ただし全く逆の意味で，です
が。「成人病」が大人になってから発症する，といわれていたのに対し，女
病は昔，結婚（成人）すればすべて解決する，と考えられていました。結婚
は「女の人生すごろくのあがり」（小倉 2007）なので，女は結婚すれば女病
から解放されるはずだ，といわれていました。しかし，今は違います。小さ
い頃からの生活習慣で発病するので，結婚後だとしても発病する可能性はあ
り，特に出産をきっかけに発症する場合が多々あります。また，相変わらず
完璧な予防接種はありませんが，最近の教育によって若い人を中心に，だい
ぶ「免疫」がついてきた人も増えているようです。

3 「女病」にかかるべきか？　「男病」はないのか？

　ここまで読んで，疑問を感じている方が多いと思います。一つは，「重症
化」といっているけれど，女病にかかってそんなにつらい思いをしている人
は周りにいない，だから女病は「生活習慣病」のようなものだとしても，し
いていえば「モテたい病」ではないか，ということ。二つめに，「女病」が
「生活習慣病」だとしても，いつかかるかとビクビクするくらいなら，早め
にかかったほうがいいのではないか，ということ。三つめは，「女病」があ
るならば，「男病」はないのか，ということです。

3.1 「女病ではなくてモテたい病」説
　「女病」というひどい病気のように説明しているけれど，私は女の子とし
て生きてきて，何の不都合も感じないどころか，とても幸せである。そうい
うと，努力せず楽をしているように聞こえるけれど，毎日女子力アップのた
めにお金も使い，外見も内面も磨いている。それを，まるで悪い病気のよう
にいう人は，男にモテないからに違いない。もしどうしても病気といいたい
ならば，男にもてたいと自認している「モテたい病」であり，自分が男にモ
テないから，モテる女のことを「病気」と呼んで自分を慰めているのではな
いか。今までの女病の説明について，そう思われる方もいるはずです。

このような意見は，女性側からの反論に多いです。もちろん，女病にか
かった人は，何の罪もありませんので，それ自体が悪いことではありません。
そして，女病にかかった人のほうが，男性にウケやすいというのも事実です。

しかし残念ながら，「男にモテたい」と思った時点で，女病にかかってい
るのです。そして，「モテる女」をひがんでそのヒトを「病気」と呼んでい
るとすれば，その人もすでに「女病」にかかっていることになります。女病
は男性性器を持ったヒトに罹患することはありません。たとえそのヒトが望
んだとしても，です。そして，その特徴的な症状が，「男に欲望される（モ
テる）かどうか」という価値基準でしか自分の価値を判断できなくなる，と
いうものです。したがって「モテる女」「モテない女」，そのどちらも「女
病」なのです。

女病にかかった女性は，「男性性器の欠損」に起因するさまざまな劣性を
受け入れざるを得ないので，決して男性と「対等なヒトとヒトとの関係」と
して認め合うことはできません。さまざまな研究から，男と女の恋愛は非対
称で，男性にのみ能動的（主体）であることが認められていることがわかっ
ています。女性は恋愛感情を持った時点で，受動的（客体）になるしかあり
ません。男女の恋愛の歴史を分析すると，「能動（主体）－受動（客体）」と
いう組み合わせでしか成り立たない，という研究結果が出ているのです。し
かも，能動的であることを許されるのは「男性」のみです。だから，現在の
恋愛形態で「男にモテたい」と思った時点で，自己の価値は男性によって決
定することになり，女病にかからざるをえないのです。

しかし，そのような非対称な「能動（主体）－受動（客体）」関係はつまり，
「健康－病気（女病）」という非対称な関係でしかありません。いくら「男に
モテたい」と思っている女性でも，自らが受動的な客体（病人）に成り下が
り，相手の男性の欲望のままに従うような関係を望む人は少ないでしょう。
大事だと思える相手と対等で相互的な関係を築いていきたいと思うのが当然
です。そうであればやはり，今までの「健康－病気」という非対称な関係を
克服し，女病を予防していくしかありません。

しかし，女病は「生活習慣病」なので，気がついたときにはすでに罹患し
てしまっていることもあります。また，一度は女病を引き受けたけれど，あ
とで後悔するような場合もあります。そのような場合は，それ以上の悪化を
阻止さえすれば，何の問題もなく人生を送れるどころか，自分が女病にか

かっていると自覚的になることで自分の行動習慣が変わり，以前よりも楽に人生を送れることもあります。無理していた自分がなくなって，本当にわかり合える相手にめぐりあえ，ただの取り巻きではない真の友人が増える，ということもあります。女病を悲観する必要はありません。

3.2 「女病には早めにかかるべき」説

　女病を悲観することはないし，かえって楽に人生を送れるようになる，と書きましたが，大事なのはやはり予防です。「どうせなら女病に早めにかかったほうがいいのでは」という誘惑にかられる気持ちもわかりますが，やはり女病にはかからないに越したことはありません。

　これは，LGBT（異性愛主義以外の人々）の人々の例を挙げればすぐに理解できるでしょう。早い人は3歳頃から女病にかかるといわれています[*2]。それだけ女病に罹患するのが早ければあとが楽なのでは，と思うかもしれませんが，幼いときに罹患してしまった女病のせいで苦しむ人がいるのです。生まれたときに決められた性別と，性自認の性がたまたま同一だった女性は，女病で楽に人生を送れることもあるかもしれませんが，性自認が男だった場合は，それは苦しみ以外の何物でもないからです。

　女病は「なりたい人がなればいい」という病気ではありません。さくらさんのように，小さい頃からの生活習慣の積み重ねですので，さくらさんが女病になることはあっても，2歳上のお兄さんが女病になることは決してありません。だからせめて，さくらさんも女病になることから逃れられればいいのですが，彼女が「生きづらい」と感じている様子からすると，やはりそれすら簡単なことではないようです。

　女病にかかることを許されたヒト，女病にかかることを許されないヒト，どちらにしろ，自分の意思に反して外圧によって「病気」を強制されるのは快いことではありません。誰でも望むとき，なりたい人だけがなれる，という性質（そうであれば，そもそも「女病」と呼ぶ必要もないのですが）でないのであれば，やはり，女病にかからなくても生きていける世の中に向かうことが大事なのではないでしょうか。

3.3 「男病はあるのか」説

　一番多くの方が考える，そして最大の疑問は，「女病はあるのに，男病は

ないのか？」ということだと思います。社会が多様性を受け入れつつあり，急激に変化している状況を考えると，以下のようにお答えすることを躊躇しますが，残念ながら現在でも「男病」は存在せず，「女病」だけが存在する，といえるでしょう。その理由は，現代社会の最小構成単位（ヒト）が男性モデルであるからです。日本語では「人」（ヒト）と書きますので明確ではないのですが，欧米で「ヒト」を指す単語と「男」を指す言葉が同一であることはご存知だと思います（英語の Man など）。「人権」とか「人間の平等」というときに，その「ヒト」は決して女性ではないのです。そしてさらに，その「ヒト（男）」の同質性に由来する求心力を利用しつつ，女性や同性愛者を権力構造から排除しようとする傾向も存在します。それを「ホモソーシャル」と呼んでいます（セジウィック 2001）。その「男同士の絆」（ホモソーシャル社会）は，ホモフォビア（同性愛嫌悪）とミソジニー（女性嫌悪）を推進力にしながら，長い間「異質なもの」を排除し，権力を維持してきました。それが現代社会の基礎なのです。最近は女性の社会進出が進み，そのようなホモフォビアやミソジニーはなくなったかのようにも見えますが，社会の意識の奥底で，このホモソーシャルな意識が今でも連綿と続いています。ミソジニーを標榜するホモソーシャルな社会で唯一生きていく手段が，「女病にかかる」ことだったのです。病気はヒトをヒトでなくします。女病にかかれば，女はホモソーシャルな社会から排除されずに生きられますし，そのうえ，「男にモテる」つまり「欲望をかきたてる」かどうかという価値基準で，その社会で何らかの評価が得られたかのような扱いすら受けます。しかしそれはあくまでも，「女病」の「病人」としてであり，「ヒト」としてではありません。そしてその代わりに，永遠に「欲望する主体」になることはできません。

　以上，「女病ではなくてモテたい病」説，「女病には早めにかかるべき」説，「男病はあるのか」説，どの説も否定されることにより，「女病」の本質がおわかりいただけたかと思います。いよいよ本題の，さくらさんの生きづらさにどうアドバイスできるかを考えていきたいと思います。

4　男女の区別，本当に必要ですか？：「女病」の予防のために

　さくらさんの悩みは，「女の子として生きていく自信がない」，つまり「女病にかかってしまうべきかどうか」ということです。先ほど「予防が一番」というお話をしましたが，彼女はすでに悩んでいる，つまりほぼ「女病」にかかってしまっているようです。そのうえで，どうするべきか考えてみましょう。

4.1　女に「成り下がる」？：女病を意識的に引き受ける

　先にも述べましたが，女病に罹患してしまったけれど，それ以上の悪化を阻止さえすれば，自分が女病にかかっていると自覚的になることにより，自分の行動習慣が変わり，以前よりも楽に人生を送れることもあります。さくらさんが，この社会でなるべく揉め事を起こさず，家族や親戚からも後ろ指をさされずに，そこそこ男性にちやほやされる人生を送りたいと考えるなら，そのまま「女病」になってしまうことも悪くないかと思います。

　しかしその場合にさくらさんが忘れてはいけないことは，女病が「生活習慣病」であるということです。病気の自分に甘んじて，自分の行動様式をコントロールすることもなく，自堕落な生活を送っているうちに，気がついたら女病が悪化し，今まで築いた家族や財産すべてを失う，ということも考えられます。「男の欲望をどれだけかき立てるかによって，女の価値が決まる」という女病の典型的症状に惑わされ，自分の外見だけを磨くことに一生懸命になり，気がつけば不倫三昧で家族も財産も失う，ということもありえます。

　それともう一つ，もしかするとこちらのほうが重要なのかもしれませんが，女病は子ども時代の生活習慣で発症する可能性が高まる病気です。つまり，さくらさんが将来子どもを育てる場合に，自分が経験したことを無意識に繰り返してしまうことで，その女病が子どもにまで感染する可能性があるということです。[*3] そしてその子が女の子であれば，21歳になるとさくらさんのように，「女の子でいることがつらい」と悩むのです。その連鎖はどこかで断ち切らなければなりません。さくらさんはそのことを肝に銘じて女病を生きていく必要があります。

4.2 女病を拒否する：「虹色の人間」へ

しかし、「バカのフリをするのがイヤ」「女だからといって見下されている感じ」「周りを気にせず自分らしく生きたらいい」などの発言などを見ると、さくらさんは「女病」に甘んじるということに耐えられないのかな、という感じがします。

女はヒトとして生きることが許されないとすれば、大事な誰かと対等な関係を築くことは不可能です。それはその相手が同性であっても異性であっても同じです。どちらにしろ、ホモソーシャルな社会から排除される対象だからです。しかし、そんな社会を誰が望んでいるのでしょうか。さくらさんはもちろん、男の人たちだって、大事だと思える相手と対等で相互的な関係を築いて、お互いを高めあいたい、と考えるに違いありません。

そもそも、ヒトを男と女に区別する「必要性」って何でしょうか。性別がわからないと困ることとは何でしょうか。トイレですか。お風呂ですか。更衣室ですか。子どもを産めるか産めないかですか。母性本能に由来する女性特有のきめ細かな気配りですか。女性には難しい男性の力仕事ですか。女性に求められる美しさと、男性に求められる力強さですか。どれも大事なようにも思えますが、「ヒト」としての評価が下がるほどのことでもないように見えます。

たとえば、物理的な条件（トイレ・お風呂・更衣室など）であれば、男女用を両方とも用意して、さらに「みんなのトイレ」を用意すればすみます。精神的・身体（生物）的条件は、別に男女という性別に割り当てる必要もないかと思います。男性にとっても繊細さは重要ですし、女性にとっても力強さも必要です。「女性は〜のような傾向がある。男性には〜という傾向がある」と、一般的な傾向をいうのは勝手ですが、それを普遍的な基準にして、「女なのに一人前に議論なんかしやがって」とか、「男のくせに細かいことにこだわりやがって」というヒトの判断基準にするのは間違いではないでしょうか。ただ、「女は子どもを産む性」というのは普遍的な事実なので、「子どもを望む男性が、女性だと思って好きになった相手が男性だったら子どもが産めないので困る。だから、男女という性別は必要だ」とおっしゃる方がいるかもしれません。そうだとすれば、「不妊症の生物学的女性」や「不妊症の生物学的男性」は恋愛・結婚をする資格がないということですか。「生物学的宿命*⁴」を否定する必要はありません。ただ、子どもや恋愛に関してそれ

ほどこだわりがあるのであれば，まずお互いに自分の意思を確認すればいい
のではないでしょうか。つまり，目的（子どもが欲しい）に対して，それが
どのように可能か，あるいは不可能かを確認していけばいいわけで，それは
子どもに限らず，複数人で物事を成し遂げようとする際には，必然的に発生
するステップではないでしょうか。たとえ，ヘテロセクシュアル（異性愛）
のカップルだとしても，「子どもが欲しい」という自分の希望を無条件で相
手に押し付けることができるわけではないので，どちらにしろ相手と合意に
達する必要があるのです。そうであれば，「ヒトを男女に区別することは，
安心して恋愛ができる前提条件だから必要だ」という意見は少し乱暴すぎる
気がします。そもそも，「子どもが欲しい」というカップルの運命を左右す
る重要なファクターについて，恋愛関係の最終段階まで何の話し合いも持た
ないというほうが不自然ではないでしょうか。

　ホモセクシャル（同性愛）もヘテロセクシャル（異性愛）も強制するつも
りはありません。ただ強調したいのは，現在の社会に存在する男女の区別は，
男性性器を持たずに生まれた赤ちゃんに，女病に罹患することを強いる仕組
みになっている，ということです。それによって，女たちも男たちも，そし
て一般に LGBT と呼ばれる方たちも苦しんでいるのです。そしてそれは，
すべてのヒトにとって不幸ではないでしょうか。

　LGBT の人たちのシンボルとしてレインボーが使われていますが，私はと
てもよく考えられたシンボルだと思っています。ヒトはみな「虹色」なので
はないでしょうか。虹の色って何色ですか？　青ですか？　赤ですか？　ピ
ンクですか？　紫ですか？　全部が正解です。すべての色が虹には含まれま
す。「虹色の人間」（ヒト）として，大事だと思える相手と対等で相互的な関
係を築いていけるような社会，それこそがお互いを高めあい，すべてのヒト
が幸せになる社会だと思います。そしてそのような社会ならば，もう誰も女
病にかからなくても，ヒトとして認められ，平等で対等な人間関係を築くこ
とができるのです。そのほうがよっぽどいいと思いませんか。

5　おわりに：女病予防ワクチンとしてのフェミニズム

　今までの議論を展開するときに必ず批判にあがるのは，「そんなことを認
めたら少子化が進んでしまう」ということです。私自身は，誰かに強制され

て生まれた子どもによって少子化が解消されるよりも，虹色の人間がありの
ままに生きられる社会のほうがいいと思っていますが，実際のところ，これ
以上少子化が進むということはあまり考えられません。「昔のように，女を
（女病にして）家に戻せば少子化は解消する」という意見もありますが，そ
の真偽はもちろんのこと，何を根拠に女を「家に閉じ込める」ことが可能に
なるというのでしょうか。「女病に罹患した女性は家でケア（治療）に専念
すべき」という考えから類推して，「出生率の増加（ケア対象の再生産）」と
「女（病患者）のケア専業（主婦）」には，非常に親和性があるのは事実です。
しかし，「青白い顔の病人」から生まれる子どもと，「太陽の光を受けた虹色
の人間」から生まれた子ども，そのどちらがより多く生まれるのかを証明す
ることは難しいですし，いずれにせよ現在の低い出生率からさらに状況が悪
くなる，ということは考えにくいからです。肝心なことは，どのような社会
を望むか，ということです。虹色の人間が大事か，あるいは，とにかく少子
化が解消されることか，はたまた，その両方か。もし両方とも大事なのであ
れば，一方を犠牲にして他方を達成することが，社会にとって良い方法であ
るとは決していえないのではないでしょうか。

　女病の予防に関して先に説明しましたが，非常に困難です。しかし希望は
あります。実は最近「ワクチン」らしきものが開発されています。それが現
在，「フェミニズム」とか「ジェンダー学」とか「男女共同参画」とかいわ
れているものです。今まで，「モテない女のヒガミの学問だ」とか「女至上
主義のくだらない学問だ」などの，非常に激しい「副作用」があるという偏
見のせいで，なかなか普及に至りませんでした。しかし，その「副作用」が
偏見であるということが明らかになり，さくらさんのような「女病」に苦し
む女性には非常に効果があることがわかっています。また，このワクチンは
女病だけでなく，LGBTなどの「男女性別二元論」に苦しむヒトすべてに効
果があることが判明しました。みなさんもぜひ試してみてはいかがでしょう
か。

○【ワタシの生きづらさ】へのワンポイントアドバイス
　さくらさん，「女病」になる前に，もう少し頑張ってみませんか。そ
して，女病にならなくても，ヒトとして関係を築けるようにチャレンジ

『女の子』でいるのがつらい自分の生きづらさ

してみてはいかがでしょうか。女病は生活習慣病なので，日々の心構え
が大事です。つらいお気持ちはわかりますが，特効薬はありません。で
も，あなたなら克服できます。頑張ってください。

〈註〉

* 1　欲望の主体に関する研究については，ジグムント・フロイト（精神分析学者）
やミシェル・フーコー（哲学者）などを参照。また，ジュディス・バトラー『ジェ
ンダー・トラブル——フェミニズムとアイデンティティの攪乱』（名古屋大学出
版会，1999 年）やイヴ・セジヴィック（2001）なども参照してください。

* 2　社会学者の上野千鶴子によると，すでに 3 歳の頃には，「女」を意識しだした
という（上野・小倉 2005）。

* 3　これを「再生産」される，といいます。「再生産」とは，広義には「人間の再
生産」という意味の「出産と子育て」を含みますが，この場合では二重の意味で
（「子ども」と「女病」を）「再生産」されることになります。

* 4　精神分析学者フロイトの有名な言葉，"Anatomy is destiny."（解剖学的差異は
宿命である）を踏まえた言葉。

* 5　「上野千鶴子さん，なぜ「女」は辛いのですか？ 20 〜 30 代が知らない，日本
の「女の歴史」」より，「フェミニズムは解毒の役に立つのですか」への回答を参照。
東洋経済 ONLINE インターネットサイト http://toyokeizai.net/articles/-/
102067?page=4

〈参考文献〉

上野千鶴子・小倉千加子（2005）『ザ・フェミニズム』ちくま文庫。

小倉千加子（2007）『結婚の条件』朝日文庫。

香山リカ（2003）『結婚幻想——迷いを消す 10 の処方箋』ちくま文庫。

香山リカ（2005）『結婚がこわい』講談社。

セジヴィック，イヴ（2001）『男同士の絆——イギリス文学とホモソーシャルな欲望』
上原早苗・亀澤美由紀訳，名古屋大学出版会。

中村うさぎ（2008）『女という病』新潮文庫。

平塚らいてう（1987）『平塚らいてう評論集』小林登美枝・米田佐代子編，岩波文庫。

ボーヴォワール（2001）『決定版 第二の性〈1〉 事実と神話』『決定版 第二の性〈2〉
体験（上）（下）』『第二の性』を原文で読み直す会訳，新潮文庫。

三砂ちづる（2004）『オニババ化する女たち——女性の身体性を取り戻す』光文社新書。

「上野千鶴子さん，なぜ「女」は辛いのですか？ 20 〜 30 代が知らない，日本の「女
の歴史」」東洋経済 ONLINE インターネットサイト http://toyokeizai.net/
articles/-/102067

公衆衛生審議会成人病難病対策部会「生活習慣に着目した疾病対策の基本的方向性に

ついて（意見具申）」平成 8（1996）年 12 月。インターネットサイト https://www.
mhlw.go.jp/www1/houdou/0812/1217-4.html

生きづらさインデックス
サークルの飲み会がつらい自分の生きづらさ

3

「空気」には逆らえない？

…… 「法哲学」からの処方箋

吉岡剛彦

❏ 飲み会が悩みの種というナツキさん（仮名）

　私は，大学２年生のナツキです。スポーツ・サークルに所属していま
す。とはいっても，なかば運動不足の解消を目的としたものなので，さ
ほど練習も厳しくはありません。友達といっしょに和気あいあいと身体
を動かすことは楽しく，サークル自体はとても気に入っています。です
が，一つだけ大きな不満を感じています。それは，サークルのコンパ，
つまり飲み会に対してです。

　一言でいえば，どんどんお酒を飲んで，どんどん盛り上がらないとい
けない，という雰囲気があります。私のサークルは，みんなでコンパを
することも目的の一つにしているので，春の追いコンや新歓，定期試験
明けをはじめ，いろんな名目をつけて，ほぼ月イチのペースでコンパが
開かれます。

　会場は，決まって大学からほど近い居酒屋です。２階席を貸し切り，
毎回だいたい 30 名前後が参加します。居酒屋は，「２時間飲み食べ放
題」制で，料金は，男子 3000 円，女子 2000 円です。時間制限つ
きの飲み放題なので「飲まなきゃソン！」とばかりに，先輩たちがドリ
ンクのメニュー表を持って，しきりにお酒を勧めて回ります。メニュー
表に載っているのは，ほとんどがお酒です。そのうちに，テーブルのそ
こかしこで，先輩の "コール" を合図に「イッキ飲み」が始まることも
あり，それをはやし立てるために参加者全員で手拍子する，という状況

になることもしばしばです。コンパの後半になると，必ず何人かが悪酔いして，気分が悪くなったり，酔いつぶれたりするので，トイレなどで介抱することもあります。

　ほろ酔い気分で楽しくおしゃべりしたり，ふだんは話題にならないようなちょっとプライベートなことを語り合ったり，というのが私の希望なのですが，実際は"酔って騒いでナンボ"みたいなコンパで，毎回ぐったり疲れてしまいます。「そんな飲み会，そもそも行かなきゃいいじゃない」といわれそうですね。こんなささやかな生きづらさで恐縮ですが，アドバイスをお願いします。

1　コンパ問題なんて，重要じゃない，か？

1.1　コンパは大学生活の楽しい一コマだけど

　ナツキさんの通学先と同じように，私の勤務する大学の近所にも，「飲み食べ放題」方式をはじめ，料金が安めで"学生の懐にやさしい"居酒屋が何軒かあります。それらのお店で，特に，卒業生追い出しや新入生歓迎といった歓送迎会が行われるシーズンや，定期試験が終わった直後などは，学生さんたちが夜中遅くまでドンチャンやっています。ナツキさんが望んでいるように，それが楽しい宴であれば，コンパは大学生活の醍醐味の一つだろうと思います。具体的には，お酒を飲める人は，ほどほどの量を自分のペースで飲んで，気持ちよく酔っている。もちろん，その場にはお酒を飲めない・飲まない人も集っていて，お茶やジュースを飲んでいる。一つのテーブルを囲んでお酒を酌み交わしたり，食事を共にしたりすることで，サークルの部室や，ましてやゼミナールの授業中とは違って，日ごろは見られないような友人の一面に触れたり，時にはその場のみんなと，恋愛や人生や，もしかしたら政治をめぐって侃々諤々，まじめで熱い談義を闘わせたりもできるかもしれません。

　ところが，このコンパという酒宴が，適量以上のお酒を飲んだり，飲まされたりする場となり，みんなでいっせいに多量のお酒を飲むことで場を盛り上げることが，あたかも決まり事であるかのようなムードになりがちなことも，かねてより指摘されてきました。ここで「飲まされる」というとき，そ

れは，文字どおり無理やり飲むことを強いられる場合も，イッキ飲みの順番が回ってきたときのように，「飲むのが当然だ」「もし飲まないと，せっかくの盛り上がりを冷ましてしまう」という，その場の勢いにあおられて，ついつい飲んでしまう場合もあります。

1.2 コンパをめぐる生きづらさはささやかじゃない（かも）

ナツキさんは，こうした「たくさん飲んで，にぎやかに騒ぐのがあたりまえ」というようなサークル・コンパの雰囲気に，だいぶ嫌気が差しているようですね。「なんだか，もうついていけない（あるいは，ついていきたくない！）」と。確かに，学生の本分をひとまず学業だと考えれば，コンパは娯楽にすぎず，まさにナツキさん自身も認めるように「そんな飲み会，そもそも行かなきゃいい」ともいえます。ですから，コンパに関わる生きづらさなんて，たいした問題ではない。ナツキさんの言葉を借りれば「ささやかな」生きづらさだと思われるかもしれません。

しかし私自身は，その場の雰囲気がつらくてコンパに"行きづらい"という生きづらさは，必ずしも「ささやか」とばかりいえない。むしろ案外と，ナツキさんのような大学生の将来にまで関連するほどに，裾野が広くて深刻なテーマではないかと見ています。以下では，その理由を順次に述べながら，コンパ問題について考えていきます。

1.3 "ぼっち"の恐怖？

一つ目の理由としては，コンパでの人付き合いに象徴されるような，大学生活における友人関係は，学生さんにとって，それなりの重みを持っているように見受けられることです。大学での友人は，たとえば試験前に講義ノートを貸し借りするなど，実用面でも大事な存在です。しかし近時，より切実な問題として，私としては"つながりの過剰"とでも呼びたい現象，裏返せば，友達との"つながり"が切れてしまうことに対する過度の不安や恐怖のような感覚の浸透が見て取られるようにも思われるのです。

2010年前後からでしょうか，最近の学生気質を示すものとして「ぼっち飯」や「便所飯」という言葉が語られ始めました。大学の学生食堂（学食）などで，周囲の学生の多くが，友人どうしで誘い合わせていっしょに昼食を取っているなかで，一人きりで，つまり"独りぼっち"で御飯を食べている

学生を指す言葉です。仮に学食で一人で食事をしている学生を見つけても，おそらく周りの学生の多くは別段，気にもとめないだろうと思います。ですが問題は，そのように「ぼっち飯」をしている当の学生本人の心理です。大勢が集まる学食のなかで一人ぽつりと食べていると "友達がいない イタい人" と見られそうで嫌だ，というのです。ちなみに，「ぼっち飯」の学生自身は，一人での食事自体については特に苦痛など感じていない，むしろ誰に遠慮することも要らないから気楽だ，と考えている場合も多いのではないかと思います。したがってポイントは，決して学生本人の孤独感ではなく，友人から〈ぼっち飯＝孤独なヤツ〉というレッテルを貼られるのではないかという，周囲からの見られ方のほうなのですね。こうしたレッテル貼りを嫌って，単独で食事する様子を見られないように，もういっそトイレの個室にこもって昼食を済ませてしまう学生までいることが伝えられています。これが「便所飯」です（土井 2009：286）。そのため近頃では，周囲を気にせず「ぼっち飯」できるように配慮された "おひとりさま" 専用の「ぼっち席」を設ける大学も全国各地にできています。これらが話題になったのは，若年世代を中心に，フェイスブックやツイッター，LINE といった SNS（ソーシャル・ネットワーキング・サービス）が普及した時期と重なります。いわゆる "つながっている" 友達の多寡や，自分の投稿（書き込み）を称賛してくれる「いいね！」の量が，まさに数値化されて歴然と知られてしまう SNS の仕組みは，この〈ぼっち＝イタい〉という感覚と，決して無縁ではないように感じられます。

1.4 「雰囲気が嫌いなら，行かなきゃいい」の理不尽さ

　大学生にとって，友人との "つながり" が切れてしまうことや，それを自ら断つことが，死活的とまでいえば大げさですが，ある程度シリアスな問題だと考えられるとすれば，サークルのコンパもゆるがせにはできません。コンパに出席しないことは，ほかのメンバーから "付き合いの悪いヤツ" とみなされたり，コンパの席で共有されたサークル内の話題に加われなかったりする一種のリスクを伴います。何よりも，酒食を共にしながら，先輩後輩や他学部生も含めたサークルの部員たちと関係を深める機会を逸することになります。なるほど，コンパで多量飲酒をあおることが慣習化しているなら「そんな飲み会，行かなきゃいい」という考え方はありえます。ですが，そ

うした雰囲気についていけない（ついていきたくもない）ナツキさんのような メンバーの側が，やむなくコンパへの参加をあきらめ，友人との親交の チャンスを奪われるとすれば，やはりそれは，間違っていない側の人たちが 不利益を甘受させられる構図となり，どうにも納得のいかない結果となりま す。

2　大学生のコンパ事情

2.1　飲酒事故で学生が死亡する事件も

　コンパ問題が重要である二つ目の理由は，適量を超えた飲酒が，ほかなら ぬ生命に関わるからです。アルコールに対する耐性（分解能力）は各人それ ぞれであり，一定量のお酒を飲んでも（といっても限度がありますが）ほろ 酔い程度にとどまる人がいる一方で，少量の飲酒でも具合の悪くなる人や， もともと一滴もお酒が飲めない人もいます。それぞれの人の限界量を超えて 飲酒することは，血中アルコール濃度の上昇による急性アルコール中毒をは じめ，酩酊状態で嘔吐物を喉につまらせることによる窒息，体温調節中枢の マヒによる凍死，酔っぱらった状態で屋内外を移動するときの転落転倒・交 通事故・溺死などによって，最悪の場合には死に至ることもあります（イッ キ飲み防止連絡協議会・ASK 2013：5-11）。

　こうした飲酒死亡事故は，不幸にして大学生のコンパ等でも，各地で少な からず発生しています。大学生による飲酒事故やアルハラの防止を呼びかけ る団体が，ホームページを開設しています。[*1]その団体の調べによれば，飲酒 死亡事故の件数は，2001年以降に限っても，全国の大学で30件以上にのぼ ります。そのなかには，私の勤務先大学で2010年に，1年生の男子学生が 亡くなった以下のケースも含まれています。[*2]

　　死亡した1年生の男子学生（未成年）は，3月の中旬に開かれた，ある スポーツ部の「卒業生を送る会」に夜8時から参加した。このコンパの 参加者は，部員やマネージャーら21名（うち4名が未成年）であった。 一次会は「2時間飲み放題」で，男子部員はビールと日本酒を飲み， イッキ飲みも数回，行なった。当の男子学生は二次会に移った直後，店 内で吐くなどし，他の部員2人がタクシーで市内にある2年生部員のア

パートに運び，夜 11 時過ぎに寝かせた。翌日の朝 7 時前，同じ部屋に寝ていた他の部員 3 名が，その男子部員が冷たくなっているのに気がつき，110 番通報。救急車で市内の病院に運ばれたが死亡が確認された。

　アルコールの事故で学生さんの未来が絶たれてしまったことは，本当に胸のつぶれるような痛恨事です。死亡事故のみでも 15 年ほどの間に 30 件余り起こっていることを考えれば，幸いにして死亡までには至らなかったものの，重篤な被害が発生したものを含めて，飲酒がからんだ事件や事故，救急搬送などの事例が，その背後に多数，控えていると見るべきでしょう。

2.2　イッキ飲みは減ったが

　では，大学生のコンパは，どのような現状にあるのでしょうか。1985 年，アルコールのイッキ飲みをはやし立てる掛け声である「イッキ！イッキ！」が流行語大賞を獲得します。某大学の体育会系クラブ・サークルが発祥だとされます。同年，お笑いコンビの「とんねるず」が唄ってヒットした，その名も「一気」という曲は，実に〈飲めぬ下戸にはヤキ入れて／つきあい程度じゃ許さずに／ビール，焼酎，ウィスキー／おちょこ，コップに鍋のふた／やかんに灰皿，学生帽／酒さえ入れば／一気！一気！一気！一気！〉という，今から考えれば，とんでもない歌詞でした（作詞は，あの秋元康さんです！）。これが火付け役となり，1990 年代にかけて「イッキ！イッキ！」の掛け声のもとに，お酒をイッキ飲みすることが，大学生のコンパで一般化します。イッキ飲みをけしかける「コール」と呼ばれる音頭取りも多種，作られました。ちなみに私が大学生をやっていたのは 1990 年代前半ですが，まさにイッキ飲みの"全盛期"で，正直に打ち明ければ，当時は私自身も部活動のコンパ等で，イッキ飲みをあおったり，あおられたりしていたクチです。

　その後，ようやく 1990 年代後半あたりから，イッキ飲み（イッキ飲ませ）をはじめとする飲酒にまつわる大学生の事故や事件が，徐々に社会問題化され始めます。同時に，各大学でも，新入生オリエンテーションなどの機会に，飲酒事故への注意喚起を行うようになりました。こうした経緯から，現時点では，イッキ飲みに関しては，一時期よりも沈静化していると見られます。

　いくつかの調査結果を眺めてみましょう。まず，2002 年と 2013 年における学生の飲酒状況を比較した調査です（寺山ほか 2002，大見ほか 2014）。いず

れも北海道内の同じ大学Ａで実施されたもので，2002年は，医学生と看護学生136名（女性68名，男性68名［学年不詳］），2013年は，栄養・看護・社会福祉・児童の各学科の1年生203人（女性172名，男性31名）が対象です。「イッキ飲み」をした体験がある割合は，2002年調査では，全回答者中の82.4％（112名）にのぼりましたが，2013年調査では，21.9％（25名）にとどまったとされます。また，誰かに「イッキ飲ませ」をした体験については，2002年の71.3％（97名）に対して，2013年では7.2％（12名）まで減りました。

　その他，北海道の別の大学Ｂにおいて，2007年に，全学年の101名（女性17名，男性82名，その他2名）を対象に実施された調査では，飲酒の強要をされた経験がある割合は，41.6％（42名）であり，誰かに飲酒を強要した経験のある割合は，14％（14名）だったとされます（眞崎 2007）。また，関東（千葉，東京）にある大学Ｃのスポーツ健康科学部と医学部の1年生443名（女性140名，男性303名）に，入学半年後にあたる2013年10月に行った調査では，飲酒を強要された経験のある割合が，47％（202名），逆に飲酒を強要した経験のある割合が，5％（21名）だったそうです（河合ほか2014）。いずれの調査でも，自分に対して飲酒を強要してきた相手は，大学の先輩，大学の友人が多かったとされます。

2.3　今なお残る「静かな強要」

　調査結果は大学ごとにばらつきがありますが，確かにイッキ飲み（イッキ飲ませ）に限っては，ひとまず減少傾向にあるようです。ただ，最近（2013年）でも，大学Ａで2割強，大学Ｃでは5割弱の学生が，イッキ飲みをしたり，飲酒を強要されたりしたと回答しており，決して根絶されたわけではありません。私の勤務先大学の学生たちについても，10年前に比べれば，イッキ飲みの掛け声を聞くことはだいぶ減りましたが，それでもゼロではありません。

　先述した北海道の大学Ｂでは「社会問題としての飲酒」という講義のなかで毎年100名程度の受講学生に対するアンケートを実施しているそうです（眞崎 2013）。その2013年度のアンケート（回答者数59名）でも，サークルやクラスの飲み会について，学生の5人に1人が「苦痛を感じることがある」と答えたといいます。理由として，「強要とは言わないまでも飲むノリがあ

るから」「集まるのは楽しいけど，酔っぱらった人を見るのが不快だから」
「酒に酔った人が苦手」などが挙げられました。こうした結果を分析しつつ，
この講義を担当する眞崎睦子（教育学）は，次のように重要な視点を提供して
います（眞崎 2013：53）。

> 「あからさまな強要」をするものはまったくいないとは言えないものの，
> そう多くはないと眺めている。では何が大学生に事故にいたるほどの酒
> を飲ませているのか。[……] その他大勢の飲酒か，アルコールのみが
> 注がれている容器やグラスが並んでいる光景か，「飲みたくない人もい
> る」という想像力の欠如か，「みんなが私のように飲みたいはずだ」「仲
> 間だから飲むのは当然」という思い込みか。そして飲む側はなぜ飲むの
> か。「先輩の酒は断れない」「この一杯を飲みさえすれば周囲は満足」
> 「この飲み会のルールだから」「伝統だから」「仲間に入れてもらう儀式
> だから」「誰もが通る道だから」「酒に慣れるため」…筆者はこのような
> 「飲みの場」に漂う「雰囲気」，「空気」，「ノリ」のようなものに押し流
> されること，そして押し流されるだれかの選択を傍観することを「静か
> な強要」と呼ぶ。

　同所では，ナツキさんが問題視する「飲み放題」にも言及されています。
アンケートに「サークルの飲み会が『飲み放題の居酒屋』であることが私に
とっての飲酒の強要」「メニューの中の酒類のページを示されることが強要」
という回答があったことから，眞崎は「「飲み放題」とは，一定の金額を支
払えば楽しいコミュニケーションの道具が際限なく提供されるシステムであ
ると同時に，一部の人々にとっては「飲ませ放題」「飲まされ放題」とも思
える恐怖のシステムにもなり得るのだ」とも批判します（眞崎 2013：53）。
　なるほど，イッキ飲みのコールを合唱したり，特定の友人にどんどんお酒
を勧めて酔いつぶしたり，といった明白な飲酒の強要は，かつてより少なく
なったかもしれません。しかし，時間限定の飲み放題の居酒屋などで，どん
どんお酒を頼んだり勧めたりする先輩や，競い合うようにお酒をあおる友人
たちを盛り立てる（あるいは，少なくとも制止はしない）。もしくは，散発
的に起こるイッキ飲みの掛け声に合わせていっしょに手拍子する（あるいは，
そこまではしないが黙認している）。そうした振る舞いを通じて〝飲まざる

をえない雰囲気"を醸成することに，いつのまにかみんなで加担してしまう。このような状況は，多かれ少なかれ，今も依然として大学生のコンパに厳存していると思います。

3 "空気"という暗黙のルール：内部告発にも目配りしつつ

3.1 あなたならどうする？

　ここで，より具体的に問題を考えるために，以下のような例題を示します。さて，あなたなら，どう答えますか？

> サークルのコンパで，みんながいっせいに友人に「イッキ飲み」をさせようと盛り上がっている。友人のコップに酒を注いでいるのは，リーダー格の先輩だ。しかし，あなたは，友人が酒に弱いのを知っている。だが，ここで止めに入れば，にぎやかだった場はしらけ返り，あなたは「頭が固くて，ノリの悪いヤツ」として，みんなから敬遠されてしまうかもしれない。今まさに友人はコップを口に運ぼうとしている。さあ，どうするか？

　前記のように，各人の限度量を超えた飲酒（しかもイッキ飲みのように短時間にたくさん飲むこと）は，生命さえ落としかねない行為です。それを考えれば，イッキの音頭を取っているのが先輩だろうが，その場の盛り上がりに水を差すことになろうが，それによって自分が他のメンバーから煙たがられようが，とにかく友人が飲まされるのを制止することが最優先です。とすれば，"正解"は「先輩のイッキ飲ませを止めさせる」に決まりきっています。しかし，もしあなたが，そうした"正解"を堂々と臆面もなく唱えるとしたら，それは，今そのコンパの現場にいないからこそいえる，いわば"しらふの正論"をぶっているだけだ，と私は反論せざるをえません[*3]。この例題については，あなたの想像力をフルに発揮し，自分がそのコンパの一員として先輩や友人らと隣り合わせでテーブルに座り，ワイワイと興に入っている。そうした状況のただなかに身を置いている場面を思い描きながら，イッキ飲みをいかに阻止するか（可能ならば，酒席の盛り上がりをなるべく冷まさないまま，どのように事態を収めるか），その打開策をひねり出す必要があり

3　「空気」には逆らえない？　　41

ます。

3.2 雰囲気・ノリ・流れ

コンパでのイッキ飲みや多量飲酒を引き起こしている原因はいったい何でしょうか。問題の原因がわかれば，その対策も考えやすいというものです。

ナツキさん自身は「どんどんお酒を飲んで，どんどん盛り上がらないといけない，という雰囲気」があると訴えています。これは他大学でも同じようです。たとえば，先述の北海道にある大学Bの2013年調査では「大学生の飲酒事故について問題と思われるもの」について尋ねています（眞崎 2013）。これに対する学生たちの回答として「飲めないこと・飲まないことは，「ノリが悪い」などのような風潮があること」（74.6％）と，「飲酒を強要するような雰囲気があること」（66.1％）が多数を占めています（複数回答）。さらに，その手前の段階にある問題として「酒が懇親の（仲良くなるための）道具だと思われていること」（20.3％）や，「居酒屋など，飲酒の席（場）が交流の場となっていること」（6.7％）も挙がっています。

また，東京のある大学Dが，2003年に，1〜2年生644名（女性65名，男性579名）を対象に行ったアンケート調査があります。この調査では，イッキ飲みの経験があると答えた学生（380名）に対して「なぜイッキ飲みをしたのか？」を尋ねています。その結果（複数回答）によれば，イッキ飲みをした理由として，「場を盛り上げるため」（53.4％），「流れで断れなかったため」（48.7％）が上位に挙がったほか，「先輩や仲間ににらまれないため」（6.1％）という回答も見られたようです（朝野ほか 2004）。

3.3 山本七平『「空気」の研究』

大学生のコンパの場を大なり小なり覆っていて，そこに座を占めた者たちをして，さして望んでもいないのに，何杯もお酒をおかわりさせたり，場合によっては，イッキ飲みまでせざるをえないような気分にさせたりするもの。目には見えないのに，それなりの（時には，かなりの！）拘束力をもって，参加者に飲酒をうながすものの正体について，多くの学生が「雰囲気」「ノリ」「流れ」と答えています。そういわれれば，思い当たるフシのある人も，きっと多いでしょう。

こうした「雰囲気」「ノリ」「流れ」と呼ばれるものについて，これに「空

気」という言葉を与え，日本社会の（あるいは，いわゆる"日本人"の）文化的特質として考察した有名な本が，評論家・山本七平の『「空気」の研究』（1977年）です。同書で山本は，自らの問題意識を下記のように述べています（山本 1983［1977］：15）。

　　以前から私は，この「空気」という言葉が少々気にはなっていた。そして気になり出すと，この言葉は一つの"絶対の権威"の如くに至る所に顔を出して，驚くべき力を振っているのに気づく。「ああいう決定になったことに非難はあるが，当時の会議の空気では……」「議場のあのときの空気からいって……」「あのころの社会全般の空気も知らずに批判されても……」［……］等々，至る所で人びとは，何かの最終的決定者は「人でなく空気」である，と言っている。

　つづいて山本は，アジア太平洋戦争の末期，間近に差し迫っている沖縄戦に向けて，当時の日本軍が決定した戦艦「大和」の出撃が，軍事的合理性（敵方であるアメリカ軍の戦力との比較衡量や，沖縄到着時の戦艦大和の状態予測など）に基づいた論理的な判断ではさらさらなく，情にほだされた「空気の決定」であったことを論じます（山本 1983［1977］：15-19）。そのうえで，山本は次のように問いかけます（山本 1983［1977］：19-20）。

　　では一体，戦後，この空気の威力は衰えたのであろうか，盛んになったのであろうか。「戦前・戦後の空気の比較」などは，もちろん不可能だから何とも言えないが，相変らず猛威を振っているように思われる。［……］そしてこの空気が，すべてを制御し統制し，強力な規範となって，各人の口を封じてしまう現象，これは昔と変りがない。

　いくつかの事例を引き合いに出した後，山本は，この「空気」なるものについて，ひとまず以下のように診断を下しています（山本 1983［1977］：22）。

　　一体，以上に記した「空気」とは何であろうか。それは非常に強固でほぼ絶対的な支配力をもつ「判断の基準」であり，それに抵抗する者を異端として，「抗空気罪」で社会的に葬るほどの力をもつ超能力であるこ

とは明らかである。以上の諸例は，われわれが「空気」に順応して判断
し決断しているのであって，総合された客観情勢の論理的検討の下に判
断を下して決断しているのでないことを示している。

以上のように山本は，その場を支配する「空気」について，「絶対の権威」
「強力な規範」「判断の基準」であり，それに逆らえば異端者として社会的に
葬り去られるような「超能力」を持つと論じています。若いみなさんにとっ
て，「空気」という言葉でなじみ深いのは，2007年の流行語大賞にノミネー
トされた「KY（空気読めない）」でしょう。「あの人はKYだから，空気が
読めなくて困る」「その場の空気を読めないのは大人ではない」といった使
い方をされますが，これは，"空気"を察知できないヤツは「欠陥人間」で
あることを意味する，とされます（東谷2017：118）。

3.4 社会に出てからもつきまとう "空気"

その場に居合わせた者たちを束縛する "空気" ですが，山本七平も述べる
ように，それは社会の「至る所」に見出されます。かくして，学生時代だけ
にとどまらず，ナツキさんが大学を卒業した後も，場の "空気" に思いわず
らわされる事態からは逃れられないおそれもあります。社会人になってから
も悩まされる生きづらさかもしれないこと。これが，コンパ問題が，ささや
かとはいえない三つ目の理由です。

たとえば，勤務先の食品会社で，古い商品なのに，新しい製造年月日がラ
ベルに印字されているのを目撃したような場合。あるいは，自動車会社で，
安全基準を満たさない車なのに，合格証が貼られる現場に立ち会った場合。
あるいは，上司のパワーハラスメント（会社での地位を利用した暴言・暴力
行為）や，手当てもつかない長時間のサービス残業が横行する職場で働いて
いる場合。あなたは勇気をふりしぼって，上司にはっきりと（または，それ
となく）不正行為の存在と，その改善を進言しました。しかし，当の上司と
きたら，言を左右するばかりでまともに取り合ってくれません。思いきって，
さらに上位の責任者に訴えましたが，今度は「つべこべと文句ばかりいいや
がってうるさい。あんまりしつこくいうと，ろくなことにならないぞ！」と
恫喝される始末です。このような場合に，あなたはどのように対処するで
しょうか。

会社自身がまっとうに対応してくれない以上，もはや残された手段は，保健所や監督官庁，労働基準監督署や警察，新聞社をはじめとする報道機関など，外部に訴え出ること，すなわち「内部告発」です。内部告発は「組織，たとえば企業に所属する人間が，社会一般，あるいは消費者にとって害を与えるような，もしくは違法な企業行為を，政府機関，新聞，その他のメディアに通報すること」（岡本ほか 2006：8）などと定義されます。すぐに「消費者や労働者の安全や健康を侵害しかねない会社の偽装行為・違法行為を止めさせるためなのだから，内部告発をするのが当然だ」といいたいところです。しかし，なんら躊躇なく，きっぱりと内部告発を断言する人がいるとしたら，ここでも私は，それを"しらふの正論"と評せざるをえません。「自分もある日突然巻き込まれるかもしれないという自覚に基づいて，組織の中で生活する者＝働く者の視点から内部告発を考えること」（奥田 2004：195）が肝要です。

　従業員などとして会社に属する内部者でありながら，その会社の不正を告発することには，さまざまなリスクがつきまといます。告発をきっかけにマスコミ等で悪評が広まり，会社の売上げが落ち込んだり，会社そのものが倒産したりすれば，自分自身を含めて会社の従業員が，給与を大幅に減らされたり，いきなり路頭に迷うことにもなりかねません。また，自分が内部告発者だと会社に知られれば，会社から"報復"されるおそれもあります。告発を直接の理由として解雇させられることは稀でしょうが，いろんな別の名目で"肩たたき"（退職勧奨）を受けたり，ほとんど仕事のない地方や閑職に"左遷"されたりというケースは，現にいくつも実例があります。そして何より，内部告発することによって，ともに働いている同僚たちから"裏切り者"と呼ばれる可能性もあります。そのため，ビジネス倫理学などの議論においても「内部告発をめぐっては，「倫理的である」という見方と「反倫理的である」という見方の両方がある」（田中 2002：141）とされます。

　こうした内部告発に伴う不利益やリスクも天秤に掛けたうえで，改めて，あなたならばどのように行動するでしょうか。手がかりになるデータがあります。日本生産性本部が，各年度の新入社員を対象として毎年，継続的に調査している「新入社員意識調査」[5]です。同調査に「上司から会社のためにはなるが，自分の良心に反する手段で仕事を進めるように指示されました。このときあなたは？」という設問があり，3個の選択肢から答えます。2007年

から 2018 年までの経過をみると，各年とも最多の回答は「3. わからない」ですが，その次に多いのは「1. 指示の通り行動する」で，36.8％（2018 年）から 45.2％（2016 年）の間で推移しています。自らの良心を貫いて「2. 指示に従わない」という回答は，10.6％（2016 年）から 14.6％（2008 年）にとどまり少数です。多くの新入社員にしてみれば，何枚もエントリーシートを書いたり，蒸し暑い時季もリクルートスーツを着込んで会社訪問に出かけたりと，過酷な（少なくともラクではない）就活を乗りこえて，やっとたどりついた就職先です。それなのに，下手に上司に逆らってにらまれた挙げ句，せっかく手に入れた働き口をなくしては元も子もない。食べていくためには，多少の不正には目をつむり，上役からいわれるまま従順に……と考える新入社員がいても，一概に責められないと思います。

3.5　個人の正義と集団の論理

　コンパ問題と内部告発との類似性はおわかりいただけると思います。一言でいえば，「集団の論理」と「個人の正義」のせめぎ合いという共通点があります。一方に，「生命にも関わるイッキ飲みは止めさせるべきだ」「消費者に危険をもたらしかねない製品を販売すべきではない」と主張したい，いや，主張すべきであると信ずる個人（「私」）がいます。そうした“正しい”信念を訴えないまま，みすみす眼前の不正を見過ごしたとすれば，その個人は，後々まで長く，そのことを悔やみつづけることになるでしょう。しかもその主張は，通常であれば（つまり“しらふ”の状態ならば！）万人が一致して賛同するであろう“正義”でもある。しかし，なのです。他方には，「せっかくみんなで楽しく盛り上がっているときに，堅苦しい忠告なんて野暮な人間のすることだ」「お前さえ黙っていれば，会社のみんながハッピーでいられるのだから，組織の一員として，会社を第一に考えろ」という大きな圧力，まさに“空気”が強力に支配しています。これは，自分が現に所属している団体や企業など集団全体の利益のほうこそ優先すべきだ（集団の利益の前では，個人の正義感など引っこめるべきだ）という「集団の論理」です。[*6] 個人が，サークルや会社など，特定の集団の内部に埋めこまれている渦中で，なんらかの不正の現場に居合わせてしまい，当の個人が「個人の正義」と「集団の論理」の狭間に立たされて板ばさみに遭っている。この点で，コンパ問題と内部告発は同じような構図をもっています。

4 "空気"の取扱説明書^{トリセツ}はあるか？

4.1 「オススメする36のお酒の断り方」

　ナツキさんの相談に対して，そろそろ処方箋を示さなければなりません。そう思って，インターネットを眺めていたら，役立ちそうなホームページを見つけました。その名も「オススメする36のお酒の断り方」[*7]。大学生が，アンケート（2013年実施）に答えるなかで「先輩や友人にお酒を（強引に）勧められても，私だったら，こうして切り抜ける」という各人各様の断り方を伝授するページです。いくつか紹介してみると，飲まされそうになったら「風邪薬飲んでいるので」「翌日早朝からアルバイトが入っている」，さらには「家族が飲酒が原因で警察の世話になったからお酒は飲みたくない」といって断るという意見。なるほど，うまいエクスキューズかも。他の手段として「ちょっとだけ飲んで，すぐ気持ち悪い様に振る舞う（オーバーリアクションで）」とか「日本酒に見えるようなとっくりに入った水や，ウィスキーに見えるような烏龍茶の水割りを自分の近くに用意しておく」といった意見もあります。うーん，ちょっと涙ぐましい努力。そして「むやみにお酒を飲ませる人が参加しそうな飲み会は最初から断ります」や「一度飲むとそのコミュニティでは断りづらくなるので〔……〕飲まされそうな場所にはそもそも近寄らない」という意見もみられます。君子危うきに近寄らず，というわけですね。大学生によるアルハラ等の防止啓発を行っている団体のパンフレットでも「危機を脱する方法」として，参加しない，飲まされない工夫（マスクなどをして「風邪をひいて具合が悪いので」といっておく，など），はっきりノーという，が挙げられています（イッキ飲み防止連絡協議会・ASK 2013：12-13）。

4.2 そもそも"空気"を作らないこと

　先に掲げた例題（あまり酒を飲めない友人がイッキ飲みを迫られている状況でどうするか？）について，それなりにお酒を飲める私は，かつて「友人の代わりに自分が飲む」なんて，のんきな対処法を考えていたこともあります。ですが，上記の「36の断り方」も含めて，あくまで対症療法にすぎないことは明らかです。なぜなら，集団に内属した状況下における「個人の正

義 vs. 集団の論理」の葛藤（ジレンマ）という前述の問題は，全く解決されないままだからです。加えて，お酒を飲まない・飲めないことは，なんら卑下すべきことではないはずです。にもかかわらず，お酒を断るほうの側が，嘘も方便とはいえ，仮病を使ったり過剰な演技をしたり，最初からコンパに参加せず，友人たちとの語らいのチャンスを逸したまま我慢させられるのは，やはり筋が通らない話です。

　では，場を支配する"空気"（集団の論理）に対処するための根本的な治療法は何でしょうか。それは，きっとナツキさんも呆気にとられると思うのですが，ずばり，そもそも"空気"を作らないこと，この一事に尽きるのです。コンパの席で，たくさん／イッキにお酒を飲ませようとする"空気"がひとたび暴走しだしてしまうと，これに対抗するのは，なかなか至難の業です。空気の取扱説明書（トリセツ）などがこの世に存在しないように，いったん発生した"空気"をコントロールしうる確実な方法はありません。そこでは"雰囲気をぶちこわす KY 人間"と陰口をたたかれるのを覚悟で，先輩や友人に「やめてください」と直言する。そのリスクを避けるなら，この場合には——どんどん飲酒をあおる"集団の歯車"がすでに回り始めている最中ならば——まさにさきほどの「36 の断り方」も有効かもしれません。

　しかし，根本的な解決は，もともと"空気"を作らないことです。そのためには，おそらく平時から（つまり，ふだんの"しらふ"のときから）サークルの内部で，相互に気づかいがあって風通しのよい人間関係を築いておくことが必要です。コンパの席には，お酒に強い弱いといった耐性についても，こういう飲み会だったら楽しいという"宴会観"においても，さまざまに多彩な体質や考え方を持ちあわせたメンバーが集まります。ふだんから，そうしたメンバー間の多様性がしっかりと意識され，かつ，先輩後輩などを問わず，おたがいに言いたいこと・言うべきことをちゃんと言い合えるような関係性があれば，一方的に飲酒を押しつけるような"空気"は生まれにくいと思います。

○【「ワタシの生きづらさ」へのワンポイントアドバイス】

　コンパでは"みんなで飲んで盛り上がれ"という"空気"そのものを蔓延（まんえん）させないことが肝心です。そのためには，いろんな属性や性格を

持った多様なメンバーがいることに配慮しながら，たがいが率直に意見を述べ合えるような，そういう人間関係をふだんからサークル内で作りましょう。これは，あらゆる"空気"問題に共通することですが，まっとうな発言をにぎりつぶそうとする「集団の論理」に対して，「これって，おかしいよね」と違和感をいだいている仲間は周囲に必ずいます。集団からハブられる（排除される）ことのないよう，なるべくわが身を守りながら，ナツキさんと同じように「こんな飲み会はイヤだ」と感じている仲間たちとも力を合わせて，少しずつでも"空気"の入れ替えを試みましょう。

〈註〉

＊1　アルハラとは，アルコール・ハラスメントの略で，アルコールが関連する圧迫行為（人権侵害）をいいます。具体的には，飲酒の強要，イッキ飲ませ，意図的な酔いつぶし，お酒が飲めなかったり弱かったりする参加者への無配慮，酔ったうえでの迷惑行為などが含まれます（イッキ飲み防止連絡協議会・ASK 2013：2）。

＊2　ASK（アルコール薬物問題全国市民協会）ホームページ内の「急性アルコール中毒等による大学生の死亡事例（2001 ～）」（http://www.ask.or.jp/ikkialhara_cace.html）を参照［2018 年 11 月 20 日閲覧］。

＊3　倫理学者の森岡正博は「姥捨山問題」を論じるなかで"正論"について「姥捨山問題が生じる状況において，正論の倫理学は不毛である。「こうすべきだ，ああすべきだ」と述べることで自足してしまう倫理学ではなく，すべきではない行為を結局はしてしまう人間を見つめ，その人間の立場に立って，その人間がその人間のままで何をすればよいかを考える倫理学こそ，そこにはふさわしい」と述べています（森岡　1988：247）。

＊4　山本は"空気"が規範や基準という性格を持つと述べています。同様のことは「ノリ」についても指摘されており，「ノリという言葉には，個人を超えた集合的な意識の流れに乗る」という意味合いがある。そして「今日のノリ現象には，何らかの「元気」が要請される現代消費社会への過剰適応という側面と，個を超越した新たな秩序への志向という側面（ノリ＝「法」「規」「憲」「則」「範」）の両面が含まれている」とされます（小川　1998：336）。なお，"空気"については，本書第8章（あなたの偏見はどこから——環境からの処方箋）も参照してください。

＊5　参照，公益財団法人・日本生産性本部「2018 年度 新入社員 春の意識調査」（2018 年 5 月 24 日，http://activity.jpc-net.jp/detail/ird2/activity001536/attached.pdf）。なお，本調査には「職場で法令に抵触する可能性のあることが行われていることを知ったあなたは，是正のため，上司に相談しましたが，具体的な指示や行動をとってくれそうにありません。このときあなたは？」という設問もあります。選

択肢は「1. もうひとつ上位の上司に相談する」「2. 総務部など管理部門に相談する」「3. 役所など公的機関やマスコミ等に相談する」「4. わからない」です。結果は毎年, 1と2を合わせた回答が8〜9割にのぼり, 内部告発に当たる3の回答は, 0.7%（2011年）から2.2%（2008年）とごく少数です。この設問では, まだ会社内部に相談先が残っていることが想定されていますので, 本稿とは状況設定が異なりますが, いくらか参考にはなるかもしれません。

＊6　人びとを掌握する"空気"のような「集団の論理」は, 戦争の促進剤にさえなります。かつて日本が始めたアジア太平洋戦争については, 戦争を計画指揮した一部の政治家や軍人などが"主犯"であって, 一般の国民は, そうした戦争指導者が引き起こした戦争に巻き込まれた"被害者"である, という見方が今なお有力です。ですが, 一般国民（「常民」）の責任も看過できないとする見解にも注意しておくべきです。「当時［……］醒めた眼で戦争を批判する人たちがいなかったわけではありません。しかし, そうした人たちを, 皆でよってたかって非難し, 「非国民」呼ばわりしていたのです。「皆」というのは, 単に政府当局者や軍部・財閥だけでなく, 「常民」たちの多数を含むということです」（小島 2009：162）。これは, 戦争を推し進めようとする"空気"を生み出すことに, 一般の人びとも積極的に関与していたことを指摘するものです。

＊7　t-news「お酒に関するアンケート——オススメする36のお酒の断り方」http://www.tnews.jp/entries/739［2018年11月20日閲覧］。

〈参考文献〉

朝野聡ほか（2004）「大学生の飲酒行動とアルコールハラスメントに対する意識」『工学院大学共通課程研究論叢』第41巻2号。

イッキ飲み防止連絡協議会／ASK（アルコール薬物問題全国市民協会）（2013）『STOP！アルコール・ハラスメント——死をまねく急性アルコール中毒を防ぐ』アスク・ヒューマン・ケア。

大見広規ほか（2014）「大学1年生のアセトアルデヒド脱水素酵素2表現型と飲酒についての意識調査——約10年間の動向」『名寄市立大学紀要』第8巻。

岡本浩一・王晋民・本多-ハワード素子（2006）『内部告発のマネジメント——コンプライアンスの社会技術』新曜社。

小川博司（1998）「キーワード解説・ノリ」井上俊編『現代文化を学ぶ人のために［新版］』世界思想社。

奥田太郎（2004）「内部告発——秘密と公開の倫理」田中朋弘・柘植尚則編『ビジネス倫理学——哲学的アプローチ』ナカニシヤ出版。

河合祥雄ほか（2014）「体育系大学生の飲酒意識調査：完全禁酒学習入寮半年後の飲酒行動の変容」『順天堂スポーツ健康科学研究』第6巻1号。

小島毅（2009）『父が子に語る近現代史』トランスビュー。

田中朋弘（2002）『職業の倫理学』丸善株式会社。

寺山和幸ほか（2002）「将来の医療職者に対するお酒と健康に関する質問紙調査とアルコールパッチテスト」『市立名寄短期大学紀要』34号。

土井隆義（2009）「フラット化するコミュニケーション——いじめ問題の考現学」長谷正人・奥村隆編『コミュニケーションの社会学』有斐閣。

東谷暁（2017）『山本七平の思想——日本教と天皇制の70年』講談社。

眞崎睦子（2007）「北大生101人と飲酒——「飲酒に関する大学生の意識調査」（2007年）」『北海道大学大学院教育学研究院紀要』103号。

眞崎睦子（2013）「なぜ大学生の飲酒死亡事故はなくならないのか——日本の大学における「静かな強要」と飲酒関連問題対策」『メディア・コミュニケーション研究』65号。

森岡正博（1988）『生命学への招待——バイオエシックスを超えて』勁草書房。

山本七平（1983［1977］）『「空気」の研究』文藝春秋［初出：1977年］。

生きづらさインデックス
『外国人』として生きることのめんどくささ

4

ピンチをチャンスに

……「文化人類学」からの処方箋

王　柳蘭

❏外国人でいることに違和感を時々感じてきた李さん（仮名）

　私は現在 22 歳の大学生です。私の祖父母はともに，台湾から移住し
てきました。小さい頃から周りには，私にはあまり聞き取れない台湾語
を話すおじいさんたちやおばあさんたちが近所にも住んでいて，家では
両親も時々台湾語を話しています。けれども，私はおじいさんたちや両
親が台湾語で何を話しているのか全然わかりません。というのは，私は
日本で生まれ育ち，日本語を母語として育ってきたからです。

　日本に暮らす中国や台湾にルーツを持つ人びとは，中国や台湾の伝統
文化を大切に守ってきました。日本でいうところのお盆のように，亡く
なった先祖を供養するのが清明節といわれ，家庭によっては，ちまきを
つくったりして親戚が集まります。また，わが家では 1 月 1 日の正月
には，関帝廟に行ってお参りをします。その場に訪れると，朝から爆
竹を鳴らしている人たちに会うこともあります。私は線香を持って，神
様としてまつられている関羽などに頭を下げ，一年の無事とご利益をお
願いします。正月の朝は，神戸市や近隣からやってきた華人の家族が大
勢集まる姿を目にします。私の家族でも，おじいさんの兄弟である親戚
一同が毎年一年に一度，正月の日に関帝廟に集まって新年のあいさつを
していました。近頃ではベトナム人らしき家族もお参りに来るのを見か
けるようになりました。私が子どものときから好きだったのは，おみく
じを引くことです。中国語で書かれたおみくじの文章の横に，わかりや

すく日本語でくじの説明が書いています。上吉，中吉，下下といった言葉があるので，中国語がわからなくても，くじ運はわかりました。運が悪ければ，敷地内の木におみくじを巻いて帰ってきました。けれども，関帝廟だけではなく，わが家は正月の2日以後は近所の神社にも初もうでもしていました。また，自分の家の慣習だけにとらわれていないので，私は大晦日には，友人と神社に行ってお参りすることもあります。神社の前に並んでいる屋台の賑わいが大好きで，一年一度のお祭り気分を味わいます。

　小学校から中学校の9年間にかけて，民族学校に通いました。そこではたくんさんの中国や台湾にルーツを持つ友人ができました。日本の小学校では校区が決まっていますが，この学校にはそのような区別はありませんでした。同級生には，電車やバスを乗り継いで通学する人は珍しくありませんでした。途中から転入学してくる友達がいました。なかには，中国大陸から転入してくる友達もいました。その転入生の話す中国語が流暢だったのに比べて，自分が「学習」している中国語のぎこちなさを強烈に感じました。この民族学校ではあらゆる教科が中国語で教えられていました。「国語」といえば，中国語を指していました。週に限られた時間だけ「日本語」（中国語では「日語（ルーユィ）」と呼んでいました）の授業がありました。できるだけ校舎内では中国語を話すように指導されていましたが，友達と話す言葉はほとんどが日本語でしたので，先生からよくしかられていました。

　小学校3，4年生頃から，日本人とは違う「小さな異文化」を学校生活のなかで発見しました。小学校には給食がなかったので，毎日おかあさんがお弁当を作ってくれていましたが，友達とごはんの話をしてみると，小さい頃から和食の典型でもある「天ぷら」をあまり食べたことがないという人がいました。また，学校ではあだ名を中国語で呼び合うこともあり，そのあだ名を学校帰りに大声で話していると，近所の人たちから変わった目で見られることもありました。自分のことを「わたし」といわず，中国語で「我（ウォー）」と話していた友達も多かったです。単語の使いかたが，中国語と日本語のまぜこぜ，いわゆるちゃんぽん話者だったのです。学校の運動会では，中国の国歌が流れていました。そ

の曲はいまでも脳裏にしみついて，幼い頃に体が覚えたリズムはなかな
か抜き取れないものだと，やや違和感も感じています。

　小学校，中学校と通った友人とは今でも親友ですが，民族学校は高校
がなかったので，公立や私学の高校へと進学し，華人だけで集まって勉
強する環境はなくなりました。その頃から，次第に，日本人のなかにマ
イノリティとしている自分の立場を意識するようになったと思います。
数のうえで人数が少ないということだけではなく，苗字も日本人とは違
うという点から日本人とは少し隔たりを感じたのを覚えています。友達
のなかには，中国の苗字をやめて，帰化していく人たちがいました。
「なぜ帰化するのか」はその頃理解できなかったのですが，おそらく両
親が日本で生きやすいように，子どもたちの将来を思って，便宜を図っ
たのでしょう。華人であることを表明しない生き方を選んでいる人たち
を子どもの頃から目の当たりにしたのですが，当時は日本にある外国人
差別の問題が根底にあることは全く知りませんでした。親の世代の苦労
がわかりはじめたのは，大人になってからです。たとえば，下宿を探す
のに「外国人」を嫌がるケースがあることも耳にしました。また，かつ
ては外国人登録証明書というものを持たされ，証明書の発行に際しては
親の世代は指紋押捺をさせられたと聞きました。日本人とは違う経験を
見聞きし，自分も体験するうちに，いっそのこと，「日本人」になって
しまったほうが楽ではないかと，自分の帰属意識がゆらいだり，悩んだ
りしたこともあります。そうこう悩んでいるうちに，家族が受け継いで
きた伝統行事も，わざわざすることが負担に思えたりしました。日本人
に囲まれながら生きていくことで，自分の文化をわざと隠したり，消し
ていくことのほうが楽ではないかと考えたこともあります。自分の文化
に誇りをもって生きることって難しいなと思います。

1　はじめに：「外国人」として生き抜くこと

　多文化共生という言葉が飛び交うようになりました。もはや外国人の人材
なしには，経済が成り立たなくなっている現状において，移民との共存は不
可欠な課題としてとりあげられています。さらに身近に考えれば，グローバ

4　ピンチをチャンスに　　　55

ル化した世界のなかで，日本に住む私たちも外国にいつ移住するかわかりません。

　しかし国内外からの報道で見聞きする移民に関する情報は，移民を受け入れるのか受け入れないのかという議論や，ヘイトスピーチに見るような排外主義的な偏った立場からの移民への批判といったネガティブな印象を与えがちです。こうした議論は移民をソトから鳥瞰的に見ていく視点です。とりわけ，「移民＝危険」「難民＝危機」といった結び付きを反射的に考えてしまう背景には，自分とは異なる文化背景を持つ人と自分自身を分け隔て，彼らを自分たちのライフスタイルや価値観には合わない，「枠外」の人であると決めつけていく志向があるようにも思えます。

　しかし，果たして，移民として生きることは，李さんのように，自分の文化をかなぐり捨てて，マジョリティの文化や慣習に合わせていかざるをえない，難しい立場に置かれることなのでしょうか。あるいは，そうした自分の文化に誇りを持てずにいることが未来永劫的に続くような悲観的なものなのでしょうか。

　実際外国人であることとで生きづらさを感じる人は多いと思います。ここでは，タイのフィールドワークで出会った人びとの生き方から，移民の生き方に違った光を当てて見ましょう。人生の困難に向き合いながら，新天地で新たな人と人のつながりを生み出していく移民の強靭なネットワーク力に生きるヒントがあるかもしれません。

2　タイに暮らすムスリム移民の話

　馬英花さんはタイで生まれた大学 1 年生のムスリムです。タイは仏教徒の人が約 9 割を占めますが，馬さんのおじいさんは中国から移民してきました。なので，馬さんは移民 3 世ということになります。馬さんは現在，タイ北部にあるチェンマイ大学の 1 年生で英文学を学んでいて，将来は国外にも留学を考えています。馬さんは暮らしのなかではタイ語を話しますが，おじいさんとは中国語の方言である雲南語を片言ですが話すことができます。また，タイ語と中国語のほかに，アラビア語の読み書きもできます。アラビア語はムスリムの宗教生活にとっては欠かせないものです。ムスリムの人びとは，一日 5 回の礼拝を義務づけられています。ムスリムの礼拝に欠かせないのが

クルアーン（イスラームの聖典）です。そのクルアーンがアラビア語で書かれているので，馬さんは小さい頃からモスクに行って，アラビア語の読み書きを勉強してきました。

またムスリムの人にはさまざまな宗教上の規範があります。先ほど述べた一日5回の礼拝はムスリムにとっての一つの義務ですが，馬さんが日常生活においてもっとも注意を払っているのが，食生活です。クルアーンにはムスリムが守るべきさまざまな規範が書かれていますが，そのなかで食生活については，細かく規定されています。タイに住むムスリムの馬さんが気をつけているのは，クルアーンで禁止されている食べ物を食べないということです。食べることを許されているものと食べることが許されないものに大きく分けられます。そのうち，食べることが許されないものの一つとして豚肉があります。仏教徒が多いタイ人に囲まれて暮らしているのですが，馬さんは豚肉を食べることができません。また，肉類については豚肉以外にも，ムスリムによってアッラーに対して祈りがささげられ，屠殺されたものしか食べることができないことになっています。そのため，馬さんのご両親は市場に行ったときに，タイ人が売る肉屋さんではなく，ムスリムが売る肉屋さんで肉を購入します。馬さんが好きなのは牛肉と鶏肉です。

このように多言語と多文化を身に着けた馬さんは，学業面でも生活面でもそれほど不自由を感じないのですが，こうした環境が整った背景には，移民してきたおじいちゃん世代の人たちの努力があったからです。3世の馬さんはそうした歴史的な背景をほとんど知らずに育ってきました。ここでは，馬さんのおじいさんたちが，移民として外国で暮らすうえでどのような生きづらさに直面してきたのか，その心のピンチ，民族のピンチをどのように克服してきたのか，そしてそれがタイの多文化共生社会にどのようにつながってきたのかについてご紹介します。

3　おじいちゃんの移民経験を知る：翻弄された歴史

馬という姓は中国のムスリムでは一般的な名字です。馬英花さんがタイで暮らすムスリム・コミュニティには馬姓の人が多くいます。日本と同じように名字が同じだからといって必ずしも親族であるとは限りません。馬英花さんには三つの名前があります。中国語の馬英花，アラビア語の宗教名である

アイシャ，タイ名のプラッチャヤーです。この三つの名前は生活していくなかで時と場所によって使い分けられています。中国語名は同じタイに住む中国人ムスリムたちのコミュニティや家庭でよく使われます。アラビア語名は生後，モスクのイマーム（導師）からつけてもらった名前です。馬さんはあまり日常的に使う機会はありませんが，自分がイスラームを信仰していることの証となります。タイ語名は学校で使ってきました。タイ社会のなかで生きているのですから，タイ語での表記がないと身分証に登録することもできません。タイではお互いをニックネームで呼ぶのが習わしで，馬さんはタイ人の友達から「ノック」（鳥）と呼ばれています。

　おじいさんからお父さんへそして自分に引き継がれた馬という名字に，自分のアイデンティティの拠り所を強く意識するようになりました。小さいときから馬さんは北タイ・チェンマイに暮らす中国から来たムスリム・コミュニティのなかで育ってきたので，タイ人とは違うこと，宗教的にも民族的にも違うことに時には戸惑うこともありました。けれども，タイ人の友達や先生とも仲良く暮らしてきました。そのため，おじいさんがどうしてタイに暮らすようになったのか直接聞いたこともありませんでした。

　馬さんはおじいさんに聞いてみて，チェンマイに暮らす中国から来たムスリムの人たちのほとんどが中国の同じ地域，雲南省から来た人びとであることを知りました。広い中国のなかでミャンマーと接する雲南省のことはタイ人でも知っている人はそれほど多くありません。おじいさんが話す中国語は，中国の首都北京で話されている中国語より少しなまりがあります。移民一世の人たちが話しているのは，標準中国語ではなく，雲南の方言であることも教えてもらいました。

　さて，馬おじいさんについてはどのような経緯で移住したのでしょうか。おじいさんは 1949 年の 7 月に中国から独り身で逃げてきました。それまで中国は中華民国という体制でしたが，毛沢東率いる共産党軍がそれまでの国民党政権に対して革命を起こし，1949 年 10 月 1 日に中華人民共和国が誕生しました。イデオロギーの違いで中国の国内は紛糾しました。中国での国民党と共産党の内戦は激しくなる反面，日々生き抜くのが精いっぱいの人びとは疲弊し，政治的不安と恐怖にさらされる日が増えてきました。

　馬さんのおじいさんには妻とまだ小さい 3 人の娘がいました。3 人の娘はいずれも小学生には達していない年齢だったそうです。馬さんの家は昔から

馬やラバを使って商売をするキャラバンに従事していました。塩や綿織物を他地域から買ってきては、それを地元や雲南の域内各地に運んでいく仕事でした。おじいさんは小さいときからキャラバンの見習いとしてお父さんの仕事の手伝いをしてきました。10代の後半には実際に馬やラバを使って商売を始めたのです。商売の経験をつんで結婚してからは、ミャンマー（当時・ビルマ）にまで行商のために出かけにいったことがあるそうです。遠隔地に出かけるときは一人ではいけないので、馬やラバを持つ商人が集まって、隊を組んで自分たちの商品の安全を守りながら商売をしていました。

　ところが、第二次世界大戦がおわり、すでに述べたように国内の内戦が激しくなると、村の経済はほぼ破綻し、生きていくことが難しくなりました。おじいさんは、一大決心をして、住み慣れた村を離れて妻と子どもを置いて独り身で先にミャンマーに行き、まず生計を立てることを考えました。しかし、ミャンマーで馬さんのおじいさんは、さまざまな紛争に巻き込まれたのです。結果的には7年も暮らしました。その難から逃れてきて隣国タイに再避難したのはようやく1953年頃のことでした。このとき、北タイの国境地域には、おじいさんと同じ境遇を持つミャンマー側から避難してきた中国人が「難民村」を作って暮らし始めました。

4　移民はどんな影響を受け入れ国に及ぼしたのか

　馬おじいさんは移住経験をこう振り返りました「自分はまさかタイに来るとは夢にも思っていなかったよ。もともと中国から避難したときは一時的なものだと思っていて、ミャンマーに逃げたときは、いずれは故郷に戻れると思っていたんだ。家族を残してきているのでそのことが心配だった」。

　隣国ミャンマーから逃れてきたタイ国境沿いには、苦しい生活を強いられた馬おじいさんの仲間たちもたくさん暮らしていました。「住めるところといったら茅葺の家。水道もなく、電気も通らない生活から始まった。そのあと、台湾からの援助で水道が村にいきわたり、今では電気も使えるようになったんだ」。北タイの国境地域の「難民村」は一つ増え、二つ増え、現在では90か所以上になっています。

　中国から押し出されてきた避難民の数が増えるにつれ、受け入れ国のタイも監視と管理を強めていきました。なぜなら、「難民村」には一般住民のほ

4　ピンチをチャンスに　　59

かに，中国で敗北した国民党軍の軍人が多数含まれていたからです。その詳細についてはここでは触れませんが，馬おじいさんのような軍人ではない避難民たちは，軍の支援を受けて生活を立てることもできませんでした。避難民たちは窮地に立たされ，当時次第に取り締まりが厳しくなってきたアヘンなどの交易に携わって，生計を維持していく方法しかなかったのです。

5 多様な「ピンチ」に直面する

馬英花さんがおじいさんから聞いた話は，今では考えられないような話です。食べるものも十分なかった生活を経て，どのように現在の暮らしまで発展させることができたのでしょうか。

移民一世のムスリムたちが経験した困難は経済的なものだけではありませんでした。民族的な違い，そして宗教的な違いのなかで生きていくことを覚悟しないと生きていけませんでした。馬おじいさんが暮らしていた故郷の雲南省では，ムスリムだけの集落があり，礼拝や宗教儀礼などを行うモスクを中心にしたコミュニティが形成されてきました。そこでは，中国の圧倒的多数を占める漢民族との結婚も忌避されてきました。しかし，馬おじいさんがタイに避難民として逃げてきてからは，肝心のモスクがありません。また，馬さんのおじいさんを含めて多くの男性は家族を故郷に残して，単身で避難してきました。いわゆる離散家族です。人と人をつなぎとめる地縁や血縁といった大切な絆を移住過程で失ったのでした。

これに対して，すでに述べたようにタイ政府は警戒しました。そもそも，国境地域を外国人が占拠することを簡単に歓迎する政府はありません。タイ政府は，ムスリム移民たちに居住地域の制限を設け，囲い込みました。また，さまざまな経済活動への制限を加えました。

さらにタイ政府はムスリム移民たちに居住権は与えましたが，当初国籍は与えませんでした（その後国籍付与措置がとられました）。こうして政治的にも，経済的にも移民は「危機」と結びつけられ，「排除」されるべき集団として受け入れ国では捉えられました。

『外国人』として生きることのめんどくささ

6 移民たちのネットワーク力①：宗教を活かしたつながりへ

　このように過酷な生活環境に直面したムスリム移民たちが生み出した力，それはネットワーク，人と人とのつながりを再生させることでした。難民や移民はそもそも外国で劣位の立場に置かれることが多いわけですから，そう簡単にはコミュニティを作ることはできません。そこで発揮されるのが自分たちの文化に誇りを持ったリーダーシップです。各地に点・点として離散した避難民を線としてつなぎあわせ，しっかりと共同体を築いていったのです。

　その一人に忽然茂さんという中国ムスリムがいました。馬おじいさんと同様に，1949 年以後に中国雲南省から単身でタイに逃げてきました。忽さんは，タイで商売をなんとか行い，その財産を自分のためだけに使うのではなく，中国人のためのイスラーム共同体を創り出すために全身全霊をささげました。すなわち，親世代，次世代の子どもたちがムスリムとして誇り高く生きていくことができることを祈願して，モスクを建てたのです。ただでさえ苦しい難民状態の人びとが，なぜ苦労して貯めたお金を他人のため，モスクや宗教学校を建てるためにささげるのでしょうか。経済的な合理性だけで考えるのであれば，無駄な努力だとさえ思えます。自分で立派な家を建てるほうがよっぽど暮らし向きがよくなると考えるのがふつうです。しかし，忽さんは，現世的なお金のために生きるのではなく，生きるための糧となる宗教の大切さを訴えたのです。そのために必要なのは，ムスリムにとって礼拝を守る上でもっとも神聖な場所，モスクを建てることを唱えたのでした。これがムスリムの宗教的な絆に基づく精神性です。神のもとに平等であるムスリムが一丸となって神を讃美するモスクを建てること，それこそが誇りであり生きる道なのです。

　またモスクは，ムスリムが神と直接向き合う場所というばかりではなく，人と人のつながりの紐帯を生み出す社会機能を持っています。そこは社交の場であり，顔をつきあわせたコミュニケーションが生まれる場でもあります。たとえば，毎週金曜日に行われる集合礼拝には，ふだんは会わない親戚に会うために，わざわざ遠方からバイクや車でモスクにかけつけてくる姿が見られます。また，女性たちはふだんの礼拝は自宅でしている場合が多いのですが，金曜日の礼拝となると知人・友人・親戚どうしの顔合わせと親睦を目的

4　ピンチをチャンスに　　61

として，モスクに集まってきます。そこには礼拝を通じて仲間と交流するほほえましい笑顔も見えます。離散を経験した中国のムスリム家族は，まるで新しい家族を生み出すがごとく，モスクで顔を合わせ，礼拝やそこで行われる結婚式，葬式などに参加し，足を運ぶようになったのです。故郷を同じくする人びとが顔を合わせて喜び，そして悲しみを共有し，分かち合う場が生まれたのです。こうした宗教的精神は同時多発的に，タイ北部に点在するムスリム移民にも伝わっていきました。北タイの各地に点在するムスリムのなかでも，同じように新しいモスクが次々と建てられるようになりました。

7　移民たちのネットワーク力②：民族の壁を超え，次世代に教育の機会を

　忽さんたちを含めたムスリム移民一世たちは，さらに宗教学校（マドラサ）を建てるという一大事業をなしとげます。自分たちの世代のみならず，次世代にわたって宗教文化を脈々と受け継ぐための教育の場です。忽さんは，北タイに最初にイスラーム学校を創建した人物でもあります。1972 年に宗教学校（Masjid al-taqwā マスジド・アッ＝タクワー，中国語では敬真学校）が誕生しました。その経済的な基盤には，北タイに住む同胞の中国ムスリムの寄付のみならず，サウジアラビアを中心としたイスラーム諸国からの民間人らによる寄付がありました。このように，ムスリム移民のネットワーク力は，民族の壁を越えて，さらに広がっています。

　宗教学校ができてからは，中国ムスリム移民の子女のみならず，タイに住むインド・パキスタン系ムスリムや南タイに住むムスリムの子どもたちも今では勉強しています。それまでの北タイでは，週末になるとモスクで子ども向けにアラビア語やイスラームを教えていましたが，モスクが民族別に分散しているため，民族を越えた相互交流はあまり多くありませんでした。しかし，宗教学校が設立された後には，インド・パキスタン系ムスリムの子どもたちも入学し，そのなかから熱心に宗教について勉強する卒業生も出てきました。なかには，卒業後さらにアラビア諸国に留学を終えた人物も出てきました。彼らはその後，モスクの教師やイマーム（導師）になりました。チェンマイにあるインド・パキスタン系のモスクではこの宗教学校の初期の卒業生たちがイマームとして活躍しているのです。

次世代のムスリムを育てるということには，民族の違いは重要ではありません。むしろ，民族の壁を越えたつながりこそが大事なのです。インド・パキスタン系ムスリムの存在は，雲南系ムスリムの各種宗教行事を支えるうえで欠かすことができないほど重要になってきています。たとえば，中国ムスリム移民のモスクで実施される宗教講話や女性を対象にした宗教訓練会では，しばしばインド・パキスタン系の宗教知識人が呼ばれ，彼らがイスラームについての説教を行います。また，月例や年に数度開催されるモスク委員会や県イスラーム委員会の宗教会議がチェンマイで開かれるとき，各委員会に属しているインド・パキスタン系の指導者も集まり，北タイ全体におけるムスリム社会の問題点や方針について共同で検討しています。

このようにタイ政府による同化や差別といった圧力があるなかで，ムスリム移民たちはイスラームを軸に，柔軟に異なる民族との隔たりを越えて，他民族とのネットワークをもとに，共生を図っていることがうかがわれるのです。

8　心のピンチ，民族のピンチを乗り越え，新しい未来を生み出す

タイ政府は政治的，経済的論理からタイにやってきたムスリム移民を「危機」と捉えました。すなわち，国境が外国人に占拠される危機，経済が外国人に支配されるかもしれないという懸念です。しかし，ムスリム移民たちにとってはどうだったのでしょうか。彼らにとっての本質的な危機とは何だったのでしょうか。それは心のピンチ，民族のピンチだったのです。

馬さんのおじいさんや忽さんをはじめとする移民一世にとって，外国で生きていくうえで，彼らが大切にしていたのは，自分たちの生き方を支える，その軸となる宗教です。宗教，ここではイスラームが衰退していく，その基盤が失われることが最大の危機，心のピンチだったのです。さらには，イスラームは中国人ムスリムのコミュニティを団結させる意味で，民族の誇りをつちかう精神的なかなめでもありました。彼らが大切にしていたのは，物質的なものや世俗的な基準ではなかったのです。人はパンのみで生きるものではないといいますが，ムスリムの一世たちがもっとも恐れたのは，自分たちの文化や宗教がなくなっていくことだったのです。

その心のピンチ，民族のピンチに訴えかけたのが忽さんです。忽さんは，

チェンマイやその他の国境地域に点在する同胞のムスリムたちに，今こそイスラームに立ち戻って，コミュニティを再生させることを訴えていきました。コミュニティの再生の第一歩として，自分たちのモスクを建てるヴィジョンが生まれたのでした。

　こうして見てみると，心のピンチ，民族のピンチをどう捉えるのか。ピンチをどのように乗り越えるのかといった問題は，立場によってずいぶん違ってくることがわかります。他者から押しつけられた偏見や障壁をピンチとしてうのみにしていては，自分の文化や宗教の誇りを失ってしまいかねません。国家のなかでマイノリティであると感じることもあるでしょう。自分の文化と他人の文化が違うことでやっかいだと負担に思うこともあるでしょう。しかし，どんな環境にあっても，自分自身を誇りに思うこと，人間としての尊厳，その本質に立った処方箋を見出すことができるためには，ピンチに向き合い，そこに立ち向かう勇気が必要です。しかも，それを自分だけの問題だと考えていては，課題は解決できない。ピンチを共有していく仲間とネットワークを作る。そして，ひいては民族の壁を越えた共生を生み出す。移民にはそのような潜在力があることをタイの事例からヒントを得ることができるのではないでしょうか。

○【ワタシの生きづらさ】へのワンポイントアドバイス

　私たちの暮らしや日常を成り立たせているのは，言語，食べ物，家族，宗教など，モノやヒトとのつながり，目に見えない精神文化といった形の文化体系です。そのため，自分と異なる環境に住むことは意識的に，また無意識のうちに違和感をさまざまな形で感じ取ってしまいます。こうした一見，誰にとってもしんどく感じられることに対して，捉え方を少し変えてみてはどうでしょうか。他人との接触をマイナスに捉え，そこでの文化的な違いを優劣として比較してしまう，何か「引け目」を感じてしまうところに問題がありそうです。違和感を持つことは，他人を知る一方で，自分に向き合う大事なきっかけの一つ。そこにどう向き合うのか，その違いから自分たちがよって立つ民族の「誇り」，文化の「誇り」を見出し，さらにはその潜在的な可能性を引き出すために何ができるのか，人とどのようにつながっていくのかを考えてみることはで

きないでしょうか。異文化経験をプラスに変え，違和感を自分だけではなく，みんなで出し合い，社会にも働きかけていくことが，自分の生きがいになり，ひいては社会にも開かれた共生のあり方を示すことができるのではないでしょうか。

〈参考文献〉

移住労働者と連帯する全国ネットワーク編（2012）『移住者が暮らしやすい社会に変えていく 30 の方法』合同出版。

王柳蘭（2011）『越境を生きる雲南系ムスリム──北タイにおける共生とネットワーク』昭和堂。

【番外編】

生きづらさの「モノサシ」
——モノサシを作れば世界が変わる

佐分利応貴

1 社会問題を解決するには

1.1 問題解決の4ステップ

「生きづらさ」をはじめ，社会には戦争やテロ，貧困問題，いじめや自殺，少子高齢化などさまざまな問題があります。こうした社会問題，いわば社会の「病気」には特効薬はありません。（もしあったらとっくに治っていますよね。）複雑な問題は，丁寧に解きほぐして対策を考えることが重要です。

一般的に，問題解決には次の四つのステップが必要です（図1）。

まずは「問題の発見」。問題を見つけて，見えるようにすること，可視化することです。

問題とは何でしょうか？　問題とは，「望ましい状態と現状との差（ギャップ）で対処可能なもの」をいいます（図2）。たとえば，交通事故死は「ない」のが望ましく，現状は年間4000人近い人が亡くなっているので，これがギャップです。そして，交通事故死は，交通事故の予防や車の安全基準，救急医療体制の整備などで減らせる＝対処可能なので「問題」となります。一方，地震については，「地震がない」ことが望ましく，「地震がある」現状とギャップはありますが，現在の科学技術では地震の発生は防げないので地震の発生は問題ではありません（地震の被害は対処可能なので「問題」になります）。

問題を発見しないと次のステップに進めません。このため，「問題の発見」は四つのステップのなかでもっとも重要だといわれます。

問題を発見したら，次にするのが「問題の定義」。数値目標の設定です。

67

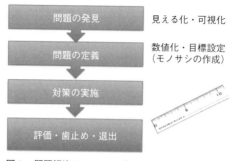

図1　問題解決の4ステップ

問題とは、
1. 望ましい状態と現状との差があり
2. 対処が可能なもの

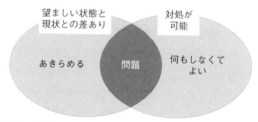

図2　問題とは

　この問題はどうなったら解決といえるのか，ゴールは何か，それはどうやって測ったらいいのかを決めます。この「問題の定義」には正解がなく，四つの問題解決のステップの中でもっとも難しい作業になります。「問題が正しく定義できたら半分解決したも同じ」といわれるほどです。
　世の中の問題は，実はこの二つ目のステップができていないことがほとんどです。たとえば，地域活性化のゴールとは何か，少子高齢化問題のゴールは何か……それがわからないまま，決められないまま，問題だ問題だと騒いでいても，次のステップに進めません。「問題の定義」ができれば，あとは対策を実施して，その効果を測ればいいのです。

1.2　モノサシ（指標）と数値目標

　「問題の定義」には，ギャップを測るモノサシ（指標）と，数値目標が必

図3 看板①

図4 看板②

要です。

　たとえば工場などにある「安全第一」の看板（図3）。これはただのスローガン・掛け声であって，指標でも数値目標でもありません。安全かどうかを何で測るか（モノサシ）が示されていませんし，数値目標もないので，「安全第一」が達成されたかどうかが判断できません。

　これが「連続無事故日数　878日」（図4）のような看板なら一歩前進。無事故日数というモノサシ（指標）があるからです。でもこれではまだ不十分ですね。

　「無災害目標日数　1000日」（図5）。これなら無災害日数という指標もありますし，1000日という数値目標もありますので，問題の定義ができたことになります。

　数値目標はとても重要です。無災害という指標があれば，安全だった日数はわかりますが，それは結果であって，指標だけでは対策は始まりません。目標日数（数値目標）が設定されてはじめて，「どうすればこの目標を達成

図5　看板③

できるのだろうか」と皆が考え出し，具体的な対策が始まるのです。

　たとえば，これまで毎年1件程度事故が起きていたとしましょう。そうすると，無災害1000日は3年近く災害ゼロということなのでかなり高い目標設定になります。でも，同業者で連続無災害1000日を達成している会社はあるでしょうから，その会社と自社の安全対策で何が違うかを調べればいいのです。

　具体的な数値目標の設定が，具体的な対策につながるのです。「安全第一」の掛け声だけでは何も変わりません。「数値化されない目標は達成されない」ことを覚えておきましょう。

1.3　モノサシを作れば改善できる

　「夫の車の運転が荒い」という問題を考えてみましょう。「運転が荒い」では，どう運転が荒いのか，急発進，急停止が多いのか，黄色信号で交差点に突っ込むことなのか，自転車をスレスレで追い抜いていくことなのか，具体的な指標がなく数値目標もないので，問題の定義にはなっていません。

　「夫の運転が荒い」のが問題だというなら，運転の荒さを測るモノサシを作ればいいのです。たとえば，ソニー損保の「ドライバーズナビ」というアプリには「安全運転診断」という機能があり，ブレーキ，停止，ハンドル，右左折，スムーズの5つの項目を100点満点で採点して運転のクセや運転の荒さをチェックすることができます。このアプリ（モノサシ）を夫が運転する時に使えば，いかに自分の運転が荒いかを本人に自覚してもらえますし

（問題の発見)，このアプリで何点になるまで運転を改善すべきかの数値目標設定もできます（問題の定義)。とはいえ，「これからは私が乗っているときは 90 点以上で運転すること」を目標にすると，「夫の運転が荒い問題」は解決するかもしれませんが，「ドライブに連れていってくれない問題」という副作用があるかもしれないのでご注意ください。

「君を一生幸せにするよ！」という結婚式での美しい誓いの言葉。でも，この誓いはどんな誠実な夫でも守れません。問題の定義がなされていないからです。幸せとはどういう状態をいうのか，どのぐらい幸せだったらいいのか，一度でも不幸にしたらダメなのか，謎だらけです。これも，たとえば，冷蔵庫に -100 から $+100$ までの「幸せのモノサシ」を貼っておいて，「-100」（消えてくれたら）から「$+100$」（あなたのためなら死んでもいい）まで，毎日今どのあたりかを示してもらい，「君を一生幸せのモノサシで 80 以上にするよ」と誓うなら（問題の定義)，二人の間に何かトラブルがあって，奥さんがイラっとして幸せ度が下がったら（問題の発見)，「何かあったの？」「どうしたらいい？」と聞いて直せばいいのです（対策の実施)。

ただ，そうはいっても，ご両親の他界など人生には悲しい出来事は必ずあるので，制御が困難な「幸せのモノサシ」を目標にするのではなく「夫への満足度モノサシ」にして，「君を一生夫への満足度モノサシで 80 以上にするよ」という誓いにするなら，よりコントローラブル（制御可能）になるでしょう。ただし，そんなことを彼女に言い出して振られるリスクの責任はこちらでは取れませんので悪しからず。

2　問題を「見える化」しよう

2.1　科学の歴史は可視化の歴史
ここまでの話で，問題を解決するためには問題を発見＝可視化すること，モノサシを使って定義することが重要だということをわかっていただけたかと思います。

科学の歴史は，さまざまな自然現象・社会現象を可視化してきた歴史です。たとえば，古代バビロニアやエジプトでは，太陽の動きを棒の影によって可視化し，時間を計測する日時計を作りました。私たちが毎日使っている数字は，物の量や順序を可視化するために発明された道具ですし，お金も物の価

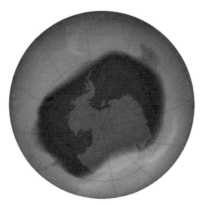

図6　南極のオゾンホール

値を可視化するために発明された道具です。

　肉眼で見えないものを見えるようにするには計測機器が必要になり，計測機器が発達すると科学も発達します。たとえば，望遠鏡の発明と進化により天文学や地理学が発達しましたし，顕微鏡の発明と進化は医学の発展に大きく貢献しました。顕微鏡によって細菌が発見されるまで，伝染病の多くは悪い空気（瘴気：ミアスマといわれていました）を吸い込むことが原因と考えられていたくらいですから。電子顕微鏡はウイルスを発見しましたし，半導体製造などの工学や化学などさまざまな分野でも利用されています。2002年に小柴昌俊先生がノーベル物理学を受賞したのは，カミオカンデという巨大な計測機器を使って，ニュートリノを世界ではじめて計測したからです。台風や雨雲の接近も，今ではレーダーや気象衛星の画像で見えるようになりました。

2.2　社会問題の可視化

　"Seeing is believing." 百聞は一見に如かず，です。自然現象については，計測機器の発達で今まで見えなかったものがどんどん見えるようになってきました。オゾン層破壊や地球の気温上昇も，オゾンホールという映像がメディアで報道されたり，気温上昇が実際に数値で見えるようになったりしたため対策が取られるようになったのです（図6）。問題が見えるようになれば，発見されれば，対策が取れるようになります。

　社会問題も同じで，もし「生きづらさ」という問題を解決したいのであれ

図7　溺死した難民の子ども

図8　「戦争の恐怖」(1973年ピュリッツアー賞受賞)

ば，まずは「生きづらさ」を見えるようにする，可視化する必要があります。

　社会問題の可視化でパワフルなのは写真（今ではネット動画）ですね。

　1枚の写真には，社会を変える力があります。たとえば，2015年の，内戦の続くシリアから逃れてきた3歳の男の子の溺死写真は，難民受け入れに反対する欧州各国への大きな怒りを巻き起こしました（図7）。また，ベトナム戦争では現地の悲惨な状況が写真で伝えられ，米国内の反戦運動に大きな力を与えました（図8）。

　写真や動画には大きな力があり，世界中の人々に問題を伝える，目と脳に焼き付けることができます。ですが，すべての問題にインパクトのある写真や動画があるとは限らないので，問題の発見は一般的には言語化からスタートします。「生きづらさ」問題を発見するためには，まずは「生きづらさ」を抱えている人に，その内容を言葉にしてもらう（主訴を取る）必要があります。

2.3　社会問題の5W2H1R

　社会問題の言語化とは，具体的には，

①Who：誰にとって（主語）
②What：何が問題なのか（ギャップ）

という情報（症例）を聞き取り，整理していく作業になります。

　問題は，主語によって異なることに注意しましょう。たとえば，為替が円高になったら，輸出業者は困りますが，輸入業者は喜びます。「介護問題」といっても，介護をされる人の問題（生活の不自由や不安など）と介護をする家族の問題（肉体的，精神的，金銭的負担など）とは全く異なりますし，介護サービスを提供する業者の問題（人手不足やサービスの質など），自治体の問題（施設不足や地元負担など），国の問題（介護保険制度のコストなど）のように関係者は多岐にわたりますし，主語によって問題はさまざまです。

　また，その際，可能であれば，

③When：いつその問題が発生するのか，いつから発生しているのか（時間軸）
④Where：どこでその問題が発生しているのか（空間軸）
⑤Why：なぜそのギャップが問題なのか（正当性）
⑥How：どのようにその問題が発生しているのか（過程）
⑦How much：どの程度の深刻さなのか（コスト）
⑧Result：どうなることが望ましいのか（結果）

の5W2H1Rについても併せて聴いておくと良いでしょう。

　こうした情報を集めることで，「生きづらさ」の類型化が可能になります。たとえば，主語が女性である「女性にとっての生きづらさ」については，ライフステージごとに，思春期の「女性同士の人間関係」「女性らしさを求められる」問題，就職後の「男性社会ルール」「セクハラ」「仕事と家事・育児の負担」「介護負担」問題など，いくつかのパターン，症候群（シンドローム）に分類することができます。人の悩みは十人十色ですが，人の数が多く

なるとその悩みはいくつかの傾向を見せるようになりますので，それぞれをグループにして分析を進めます（図9）。

3 問題を指標化しよう

3.1 測れないものは改善できない

図9 「生きづらさ」を分類するワークショップ

"If you can not measure it, you can not improve it."——測れないものは改善できない。イギリスの偉大な物理学者ケルビン卿の言葉です。皆さんも高校で絶対温度のKというのを習ったかもしれませんが，このKはケルビン卿（図10）の名前に由来しています。

ケルビン卿の言葉のとおり，物事を良くしようと思うなら，それを測らなければいけません。地球温暖化を防ぎたいなら地球の温度を測る必要がありますし，交通事故を減らしたいなら毎年の交通事故の数を調べなければなりません。勉強して学力がついたかどうかを調べたいならテストをしないといけません。

図10 ケルビン卿（1824-1907）

3.2 人類が作ったさまざまなモノサシ

科学の歴史は，「見えないものを見えるようにする歴史」であるとともに，「測れないものを測れるようにする歴史」，すなわち，モノサシづくり，指標化の歴史でもありました。

モノサシの元祖といえば，エジプトのナイル川にあるナイロメーター（図11）。古代エジプト人は，ナイル川が定期的に増水と減水を繰り返すことから，ナイル川の水位の推移を測り，洪水の予測や収穫高の予測に使っていました。写真にある横の線が，水位を測った古代文明のモノサシです。

モノサシといえばやはり長さですが，今のメートルという基準はフランス

図 11 ナイル川のナイロメーター

人の発明です。それまでは各国でヤード（0.9m）やマイル（1.6km），尺（0.3m）や里（日本では 4km，中国では 0.5km）など，人間の体に基づくモノサシを使っていて，統一されていませんでした。1790 年にフランスのタレーランが，フランス国会に「万国共通の普遍物体」である地球を基準にした単位の創設を提案し，認められたことから，地球の正確な大きさの測量が行われ，赤道から北極点までの 1000 万分の 1 として今のメートルができたのです。歴史の時間では，ナポレオン失脚後に現れる政治家として有名なタレーランですが，実はこんな科学の貢献もしていたのですね。

一国の経済力も，昔は正確には測れませんでした。このため，人口や鉄の生産量が代替指標として使われましたが，米国の経済学者クズネッツが 1934 年に国民経済計算を発明したことにより，GNP（今は GDP）というモノサシで測れるようになりました。皆さんもご存知のとおり，GDP は各国の経済規模を示すだけでなく，国民の豊かさ（一人当たり GDP）や経済成長率にも用いられており，社会に大きなインパクトを与えています。

学生の学力も，昔は正しく測ることはできませんでした。試験問題は学校ごとに違っていましたし，できる学生が多い学校だと順位は低くなってしまいます。そこで，学生の学力をより正しく測るために，東京の公立中学校の桑田昭夫先生が発明したのが，現在も広く使われている学力偏差値です。学力偏差値は，決して大学や高校をランキング化するために作られたのではなく，それぞれの学生が全体のなかのどの位置にあるかを正しく測るために作られたモノサシだったのです。

3.3 人の命のモノサシ

世の中には，測りにくいものもあるでしょう。たとえば，「人の命の価値」は測れるのでしょうか。

答えは「ある程度はイエス」。損害保険の賠償額がそうです。損害保険の賠償額は，亡くなった人の年収（基礎収入額）や遺族の数・扶養状況などで決まってきます。計算式もあり，「基礎収入額×（1−生活費控除率）×就

労可能年数に対応するライプニッツ係数」となります。しかし，これはあくまでもその人が生き続けた場合の経済的な価値のモノサシであって，そこには，遺族の悲しみや，友人の受けたショック，その人が将来生み出したであろう社会への貢献（あるいは迷惑）などは含まれていません。

3.4　幸せのモノサシ

　では，人の幸せは測れるのでしょうか。

　経済学者のアンドリュー・オズワルドは，幸福や不幸を金銭的に表す研究を続けています。その手法は意外に簡単で，まず10段階評価で現在の幸福度を評価します。そして，突然100万円受け取ったとして幸福度はどの程度上がるのか，離婚をしたとしたらどの程度幸福度が下がる（上がる？）のかを回答してもらうというように，人生に良くないことが起こったときにいくら収入が増えればそれを埋め合わせることができるか，また，人生に良いことが起こったときにいくら収入を減らせば元に戻るかを統計的に調べるのです。もちろん，これは一人の情報だけでは役に立ちませんが，多数の人の平均を出せば，幸福に影響する力についてかなり多くのことを知ることができるというのです。

　"The Happiness Equation"（邦訳「幸福の計算式」）で有名なニック・ポータヴィーは，オズワルドとの共同研究で，愛する人との死別についての調査を行いました。そして，配偶者の死を経験した最初の年に，このような辛い喪失感を経験しなかったと同程度の幸福を感じるためには，平均で31万2000ポンド（約4680万円）の臨時収入が必要だと2008年に発表したのです（表1）。

　この研究が公表されると，さまざまな議論がわき起こりました。「子ども
の死を埋め合わせるのに，最初の年にたった12万6000ポンドだって？」「どこの間抜けが，こんな研究に金を出したんだ」と。

　ポーダヴィーは，さらに，2009年に，子どもを持つ喜びは1年も続かないという研

表1　死別のコスト

死別した相手	賠償額	日本円で…
配偶者	31万2000ポンド	4680万円
子ども	12万6000ポンド	1890万円
母親	2万2000ポンド	330万円
父親	2万1000ポンド	315万円
友人	8000ポンド	120万円
兄弟姉妹	1000ポンド	15万円

＊1ポンド＝150円で計算

究結果を発表しました。この発表も多くの議論を呼びましたが，多くの研究者の調査により，子どもを持つ親は子どもを持たない親より幸せとは限らないことが明らかになっています。社会の一員としては残念な結果ですが，こうした「世の中の認識」と「本人の実感」とのズレに「生きづらさ」があるとすると，まさにポータヴィーは親の生きづらさの指標化に成功したといえるでしょう。

3.5　世界で注目される幸せのモノサシ

　幸せを測る試みは，世界に広がっています。

　国として国民の幸せを測る取り組みは，ブータンのジグミ・シンゲ・ワンチュク第4代国王が1970年代から始めたGNH（Gross National Happiness：国民総幸福量）にさかのぼります。これは，先ほどのGDPのような経済的なモノサシ，国民全体の富ではなく，国民全体の「幸福度」，精神面での豊かを重視した指標になっています。調査によって，国内のどの地域の人が愛に満ちているか，どの地域の人が怒りを感じているかなどがわかるそうですから，すごいですね。

　国連（国際連合）も，幸せのモノサシを使っています。国連の持続可能開発ソリューションネットワーク（米国コロンビア大学が協力）は，世界幸福度報告（World Happiness Report）を2012年から毎年発表しています。これは，各国の幸福度調査のレポートで，回答者は自分の幸福度が0（自分にとって最低の人生）から10（自分にとって最高の人生）のどの段階にあるかを答えます。日本は，2017年のレポートで調査された155か国のうち51位（平均5.920）と，G7のなかでは最低でした。ちなみに，北欧4か国が上位5位に入っており，G7ではカナダが7位，米国が14位，ドイツが16位，イギリスが19位，フランスが31位，イタリアが48位です。「カンターレ（歌って），マンジャーレ（食べて）」と人生を謳歌しているイメージのイタリアが48位（5.964）で，ドストエフスキーを生んだ苦悩のイメージのあるロシアが49位（5.963）と聞くと，この調査ってどうよ？と感じてしまいますね。

3.6　最新科学技術とモノサシ

　最新科学技術による幸福度の計測研究も進んでいます。たとえば，日立は

78　　【番外編】　生きづらさの「モノサシ」

すでに「ハピネス計測」としてウェアラブルセンサを用いた幸福度計測の技術を商品化しています。心理学の分野で世界的に著名な米国クレモント大学のミハイル・チクセントミハイ教授らの協力を得て，幸福感をセンサにより定量化しているとのこと。今後こうした研究や商品開発が進めば，毎日の幸福度をお互いに知ったり，家族や会社・社会全体の幸福度を毎日測れるようになるでしょう。そうなったら，日本一幸せな町がどこなのか，その町ではなぜ住民が幸せなのかなども調査することができ，人びとを幸せにする行政サービスや市民活動・企業活動などがもっと盛んになるでしょう。

4　問題の対策を考えよう

　問題を発見し，定義すれば，対策ができます。ギャップが明らかになれば，そのギャップを埋めるように何かすればいいのです。単に「英語ができない」だと問題になっていないので対策ができませんが，「TOEIC730点を取りたい」だったら，問題が定義できているので，具体的にどの分野の点数が取れていないかを調べて，そこを埋める対策をすればいいわけです。

　対策は，問題の種類によって難易度が変わってきます。ここでは，問題の3類型について考えてみましょう。

4.1　モノサシと問題の3類型

　モノサシが決まると，問題は時間軸から「逸脱型」「未達型」「探索型」の三つの類型に分かれます（図12）。

　逸脱型の問題とは，以前はギャップがなかったのに，あるときからギャップが生じた問題です。たとえば，病気になったとか，寝坊したとか。逸脱型の問題は，元はギャップがなかったのに，ギャップができたわけですから，以前と何が変わったか（裸で寝てしまったとか，夜更かしをしたとか）を調べればギャップを埋めることができます。

　未達型の問題とは，目標にまだ到達できていないためギャップがある問題です。たとえば，試験に合格できないとか，将来オリンピックで金メダルを取りたいとか。未達型の問題は，将来ゴールにたどり着けるかどうかわからないため，逸脱型より難易度が上がりますが，目標に到達できた人は日本中，世界中を探せばきっといますから，その成功事例（ベスト・プラクティス）

【番外編】生きづらさの「モノサシ」　　79

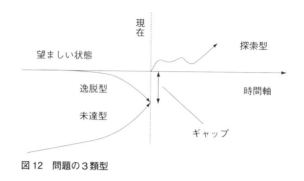

図12 問題の3類型

を調べて、自分との違いを明らかにすることで、ギャップがわかり対策が取れるようになります。

　最後の探索型の問題とは、ギャップが何なのかがわからない、目標が決まっていない問題です。たとえば、自分はどんな仕事に向いているかがわからない、誰と結婚したらいいかわからないなど（ちなみに、どうしたら○○ちゃんと付き合えるかだと、目標は明確なので、未達型問題になります）。探索型の問題は、目標が定まれば未達型問題か逸脱型問題になり、解決しやすくなります。ちなみに、「自分がどんな仕事に向いているかわからない」という探索型の問題は、「自分に向いている仕事が見つかる」を目標とすると、「自分に向いている仕事を探して見つかった人」は世の中に必ずいますので、その人がどうやって自分に向いている仕事を見つけたかを調べることで、対策が取れます。

　目標設定の仕方次第で、問題解決は簡単になったり、難しくなったりします。世の中のほとんどの悩みは、ゴールが決まっていない探索型問題（または、ゴールが決まっているのに対策がわからない問題＝ベスト・プラクティスから学べばいい、対策がわかっているのにできない問題＝やるっきゃない）ですので、ゴールの設定の仕方がいかに大事かがおわかりいただけると思います。

4.2　3類型から見た「生きづらさ」

　では「生きづらさ」の場合、この3類型でどう分類されるのでしょうか。
　たとえば、「育児」「介護」の負担による生きづらさは、なんとなく逸脱型の問題に見えます。育児や介護のため、これまでできたことができなくなる、

肉体的・精神的苦痛が伴う，など従来の生活から逸脱することで「生きづら
さ」を感じるからです。しかし，今回は時計を巻き戻して子どもや介護者の
いない過去に戻ることはできません。この問題は，「育児・介護の肉体的・
精神的苦痛が少ない」（そのための指数を作って○○点以上とする）という
目標を設定して未達型の問題にすれば，過去の成功事例から教訓を得ること
ができます。

　また，同じ「育児」「介護」でも，「夫の理解が得られない」は未達型問題
です。こちらも「夫が自分の苦労を理解してくれていると感じる＝100点」
として，現状の夫の理解度のモノサシを作って冷蔵庫に貼れば，問題の発見
（夫の「何これ？」から始まって）と定義（仕事で疲れててもこれは80点以
上になるようによろしくね）が可能となります。

　「性同一性障害」などの同一性問題は，成長とともに世の中の基準と自分
の基準のズレ（＝逸脱）が発生したものであり，一見すると逸脱型問題に見
えます。ですが，その目標を「世の中の基準に自分を合わせること」ではな
く，「自分らしく生きても周囲が理解してくれること」であれば，未達型問
題であり，同様の問題を抱える人たちが日本で，世界で，どのようにその問
題を乗り越えたかを学ぶことから，周囲の見方を変えて，ギャップを埋める
ことができるでしょう。発達障害も同じで，「世の中の基準に自分が合わせ
ること」を目標としてしまうと，まさに一生「生きづらさ」を抱えて生きる
ことになってしまいますので，「周囲が普通の人との違いを個性の一つとし
て受け入れてくれること」を目標とする未達型問題とすべきでしょう。変わ
るべきなのは自分だけではなく，周囲や社会なのです。

4.3　問題の累積

　一人ひとりの抱える問題は，時には一度にどっと押し寄せてきたりします。
一つの問題が小さくても，それが同時に発生すると，個人の許容量を超えて
しまうかもしれません。

　こうしたストレスの累積性に着目したのが，米国の社会学者ホームズと内
科医レイです。彼らが開発した「社会的再適応評価尺度」（Social
Readjustment Rating Scale：SRRS）は，「結婚」，「配偶者の死」，「退職」な
ど，人生において遭遇する43の重大な出来事や生活の変化によるストレス
を点数化したものです。SRRSでは，過去1年以内に体験した出来事による

表2　ライフイベントとストレスの例

1	配偶者の死	100
2	離婚	73
3	夫婦別居生活	65
4	拘留または刑務所への入所	63
5	肉親の死	63
6	自分の病気や障害	53
7	結婚	50
8	解雇	47
9	夫婦の和解調停	45
10	退職	45

ストレスの合計点数が 150 点以上の場合，翌年に何らかの健康障害を生じる危険性が約 50％，300 点以上の場合は約 80％以上とされています（表2）。

　結婚も人生の大きなストレスであり，さすがアメリカ，離婚や調停がトップ 10 入りしています。ちなみに SRRS では，休暇は 13，クリスマスは 12 だそうですので，楽しい時間もそれなりにストレスになるんですね。日本とアメリカの文化的特性や社会慣習，経済構造を考慮する必要があるため，この SRRS をそのまま日本人に適用するわけにはいきませんが，日本で行われた調査でも，ストレスの累積が問題であることは指摘されています。

　「生きづらさ」も累積します。たとえば，女性研究者は，研究者としてもっとも実績を積まなければならない時期に，出産や育児を経験します。研究成果を求められるプレッシャーに加え，家事や育児に時間を取られ，担当学生の指導もやらなければならないとなると，まさにあっちこっちから借金をして取り立てに追われる「多重債務状態」です。しかし，こうした問題は，外からは見えないので発見もされず，「あるべき姿」に対する社会的なコンセンサスもありません。問題の発見も定義もされないので対策も進まないのです。

　多重債務問題，累積問題は，問題を一つずつ発見して整理する必要があります。たとえば，「家庭と男女の役割」に関する国際比較調査（2012）によると，フルタイム勤務なのに家事時間が 1 週間で 20 時間以上の女性は，日本では 62％，韓国では 47％，アメリカでは 13％，フィンランドでは 12％です。世界経済フォーラムの発表するジェンダー・ギャップ指数（2016）でも，フィンランドは世界 2 位，アメリカは 45 位，日本と韓国はそれぞれ 111 位，116 位となっています。こうした指標から女性の抱えるギャップを明らかにし，世界との差をなくしていく必要がありますね。

4.4　四つの解　「改善」「解決」「解消」「回避」

　問題解決には，ギャップを少なくする「改善」，ギャップをなくす「解決」，

ギャップを問題としなくする「解消」，ギャップを放置する「回避」の四つの手法があります。

　たとえば，会社のエレベーターで，朝渋滞が発生して社員からクレームが出ていたとします。これは，「渋滞がない」という望ましい状態と「渋滞がある」という現状とのギャップがあり，かつ対処可能なので問題です。これを，たとえば「エレベーターを増設する」は対策にはなりませんね。「上層階と下層階に分けて運行をスムーズにする」のは「改善」です。「フレックスタイムを導入して出社時間をずらす」なら渋滞はゼロにできるかもしれません。そうなると問題は「解決」です。これを，たとえば，「社員の不満は渋滞そのものではなく，渋滞中にほかにすることがないからだ」ということであれば，エレベーターホールにモニターを設置してニュースを流せば渋滞はそのままでも社員の不満はなくなるかもしれません。これが「解消」です。社員の不満が渋滞そのものではなく，遅刻によるペナルティにあるのであれば，遅刻のペナルティをなくせば（出勤時間でなく業務内容で評価する）朝のエレベーターが渋滞しても問題は解消します。また，問題はギャップなので，社員の期待値（あるべき姿）を下げれば，問題は解消します。たとえば，「朝のエレベーターはどこでも渋滞するものだ」「かといって増設することはできない」「だから皆さん我慢してくれ」と総務担当から説明するとか。不満は期待値と現実とのギャップに発生するので，期待値を下げることも立派な対策の一つです。江戸時代の「上見て歩くな，下見て歩け」ですね。

　もし会社としての優先順位が低ければ，問題を無視する，「回避」することも選択肢です。回避によって，状況が好転するかもしれません。また，時間が人の心の痛みを解決してくれることもあります。問題は立ち向かう，ギャップを埋めなくても，逃げてもいいのです。人付き合いができないなら，人付き合いをしなくてもいい仕事を探せばいいのです。

4.5　モノサシの発明と普及

　こうした社会のモノサシは，誰が，どうやって発明すればいいのでしょうか。

　答えは現場にあります。事件は会議室ではなく，現場で起きているからです。ホームズとレイは，現場で起きているさまざまなストレスの複合に着目し，SRRS を発明しました。

役所が作るモノサシや学者が作るモノサシが本当に役に立つなら，それらはもうとっくに普及しているはずです。現場の問題を解決するモノサシは，現場から生まれるのです。

イノベーションとは，「発明」が「普及」して「新しいあたりまえ」になることです。インターネットも，スマホも，発明が普及してあたりまえになりましたね。「セクハラ」という言葉も，今では普及してあたりまえになりました。「LGBT」も徐々に普及しています。GDPが世界経済を動かしているように，「生きづらさ」についても新しいモノサシを発明し，それを普及できれば，問題が発見され，ギャップが理解され，やがては社会を変えることができます。一緒に頑張りましょう！

5　むすび：目に見えないもの

"Voici mon secret. Il est très simple: on ne voit bien qu'avec le cœur. L'essentiel est invisible pour les yeux." (じゃあ秘密を教えるよ。とてもかんたんなことだ。ものごとはね，心で見ないとよく見えない。いちばんたいせつなことは，目に見えないんだ。)——有名なサンテグジュペリの「星の王子さま」の一節です。モノサシを作らないと社会は変わらない。でも，モノサシでは測れないものもたくさんあるのです。

モノサシは便利です。それは，見えなかったものを見えるようにし，数値化します。数値化すると，比較ができますし，ランキングも作れます（序列化）。でも，あくまでもリアルの世界は4次元。3次元空間で人は生活していて，時間軸もあります。モノサシは，その4次元の世界を1次元にツブすこと。たとえば，学歴というモノサシ。これは，大学入試までに，学生たちがいかに努力したか，効率よく学習したか，知能指数が高かったかなどが統合された指標です。ただ，これはあくまでも過去の実績であって，未来を保証するものではありませんし，その子の優しい性格や学習意欲，可能性，コミュニケーション能力などを示すものではありません。学力偏差値は，一人ひとりをぺちゃんこの点にして1列に並べます。グループの中での相対的な自分のレベルはわかりますが，モノサシの累計なので，どのモノサシを何点で加点するかで変わってきます。英文法が得意で英会話が苦手な人は，試験のモノサシでは偏差値が高いですが，実社会での英語のコミュニケーション

84　【番外編】　生きづらさの「モノサシ」

偏差値は低いでしょう。もちろん，4次元のその子の素晴らしさは1次元の偏差値で表現できないことはいうまでもありません。

　数値化・指標化は，現実世界をツブして並べること，現実の一面（線）でしかないことをぜひ覚えておいてください。

〈参考文献〉

Powdthavee, N.（2010）*The Happiness Equation*（ニック・ポータヴィー『幸福の計算式』阿部直子訳，CCCメディアハウス，2012年）。

世界幸福度調査2017（http://worldhappiness.report/ed/2017/）

社会的再適応評価尺度（Holmes, T. H. and R. H. Rahe（1967）"The Social Readjustment Rating Scale"）

「家庭と男女の役割」に関する国際比較調査（2012）（https://dbk.gesis.org/dbksearch/sdesc2.asp?ll=10&notabs=&af=&nf=&search=&search2=&db=e&no=5900）

【番外編】　生きづらさの「モノサシ」　　85

Ⅱ.

この「気持ち」，どうにかならない？
──もやもやとした「生きづらさ」を抱えながら

生きづらさインデックス
誰にでも起きうる被災した私の生きづらさ

5

こんなはずじゃなかった

……「防災学」からの処方箋

小山真紀

❏ 6年前に大きな災害に遭ってしまい長期避難している19歳のまことさん（仮名）

　大学1年生女子です。小学2年生の弟がいます。両親と私と弟の4人家族ですが，6年前に大きな災害に遭い，自宅は全壊。住んでいた地域も壊滅的な被害を受けてしまいました。被災してからしばらくは避難所で生活していましたが，その後，もともと住んでいた地域から500km以上離れた地域に避難してきました。災害当時，私は中学1年生でしたが，弟は2歳でした。避難所は大きなところだったので，地域の人だけでなく，知らない人がたくさんいました。あるとき目が覚めたら私のことを見ているおじさんと目があって怖かったことを覚えています。弟はまだ小さかったので，ぐずることも多く，両親はいつも周りの人を気にしていました。弟が大声で泣くと，母が弟を抱いて外に連れ出していました。

　そんなこともあって，父の実家のあるまちへ家族で長距離避難することになりました。このまちは，もともと住んでいたところよりも都会で，まちの雰囲気も方言も違い，友達とも離れることになったので最初はとても戸惑いました。方言の違いで，先生や友達の言葉に，怒られたりいじめられたりしているような気がしたり，学校のルールももとの学校とは違っていて，思いもしないところで注意されたりして，学校に行けなくなってしまったこともありました。両親はとても心配してくれたのですが，あまり悩みは相談できませんでした。

誰にでも起きうる被災した私の生きづらさ

今はこの地域にも慣れ，大学も自宅から通えるところに通っています。
弟は小学2年生になりましたが，引っ越したときには小さかったので
以前住んでいたところのことはあまり覚えていません。両親は，当初は
もとにいた地域に戻るつもりでいたようですが，私もこちらの大学に進学
し，弟はほとんどこちらでの記憶しかなく，お友達もこちらの人ばかり
なので，最近ではこちらに永住することを考えているようです。
　災害に遭うと，いろんな生きづらさがあります。そんな生きづらさに
ついて，考えてみたいと思います。

1　はじめに：災害から見た生きづらさ

　災害時の生きづらさは，災害前の状況と災害後の状況のギャップが大きけ
れば大きいほど大きくなります。たとえ自分や家族の命が失われなかったと
しても，そこに住み続けることが難しくなるほど地域に大きな被害が生じた
り，自宅が全壊したりすると，その後の生活はかなり厳しいものになってき
ます。ここでは，災害の瞬間を生き延びた後の生きづらさについて考えます。
　さて，冒頭で述べた災害前の状況と災害後の状況のギャップというのは，
被害だけにとどまりません。大きな災害は，普段ふんだんに活用している科
学技術の恩恵を取り去ってしまいます。電気，ガス，水道などのライフライ
ンも止まりますし，通信（電話やインターネット）もつながらないか，つな
がってもリアルタイムにやりとりできないほど通信速度が遅いということも
あります。皆さんの日常を振り返ってみて，スマホなしの生活ってどうなり
ますか？　通信できないだけでなく，充電できない状態にもなります。ア
レルギーなどで食べられないものがある場合，平常時ならアレルゲン除去食を
作ったり，そういった食料を買ってくることもできますが，災害直後ではそ
れも難しいかもしれません。お薬や医療機器，在宅サービス（在宅看護や在
宅介護など）を使いながら生活している世帯はどうでしょう？　平常時であ
れば，必要なものを必要な時に手に入れることは難しくありませんが，災害
時にはこれがとても難しくなります。コンタクトレンズを使っている人は，
水が使えなかったり，使い捨てコンタクトが手に入らなかったらどうでしょ
うか？　こうやって考えていくと，とたんに困ること，たくさんありません

90　　Ⅱ．この「気持ち」，どうにかならない？

か？　さらに，日常であれば，インターネットを使ってお買い物もできますので，自宅や部屋から出なくても生活できてしまいますが，災害時にはそうはいきません。人付き合いが苦手な人にとっては，集団生活そのものがしんどいことかもしれません。かといって，自宅やどこかの駐車場で車中生活するというような場合には，被災者リストから漏れてしまって必要な支援が届かなくなるということも起きてしまうかもしれません[*1]。

　もう一つ大事なことは，人によって何が困るか，ということが違う，ということです。今の社会はとても多様化しているので，ライフスタイルも価値観も経済状況も職業も働き方も，日常的に抱えている困難さ（障碍や疾患を持つ場合だけでなく，視力が良くない，人とコミュニケーションをとるのが苦手，家族の関係があまり良くない等々，ちょっとしたことも含めるといろんなことがあると思います）もさまざまです。そして，お互いが相互に相手の考え方や生活，その人の抱えている困難さについて意識しないことも多いでしょうし，知らないことも多いと思います。平常時だったら，ライフスタイルや価値観が違っても一緒にいなければトラブルになることはありませんが，災害時だと，ライフスタイルや価値観が違っても一緒に過ごしたり，協力しあったりしていかなければいけません。いろんな困難を抱えている場合でも，平常時だったら，科学技術や専門サービス，お薬などによって，それほど無理なく日常生活を続けられるようになってきていますが，災害時だと，そういったサポートが受けられなくなる（電源がないので機器が使えない，支援に来てくれる人が来られない，お薬が入手できないなど）リスクが高くなります。このような状態で，お互いの違いや抱えている困難さに無配慮だったらどうなるでしょうか？　自分では普通だと思っていることや必要なことなのに，ことあるごとに「わがままだ！」とバッサリやられてしまうと，つらいですよね。多様になればなるほど，同じ困難さを抱えた人がいない（みんなちょっとずつ違う）ということもあるかもしれません。そうなると，ますます，お互いのことを理解し，共感することが難しくなり，それぞれの人が孤立しやすくなってしまうかもしれません。社会的孤立は寿命を縮めるリスクや認知症のリスクが高いという研究結果も発表されています（Julianne Holt-Lunstad ほか 2015，斎藤ほか 2015，など多数）。多様だからこそ，お互いを尊重し，配慮しあうことが必要なのです。

2　避難所での生きづらさ

　避難所での生活は，家族だけの生活と異なり，集団生活です。災害直後は自分のスペースを確保することも難しいほど人がたくさん集まった状態で過ごさなければならないかもしれません。避難所の生活が大変だからといっても，飲まず食わずでは死んでしまいますので，何とかして水や食料を確保する必要があります。最初は水や食料も外部からは入ってきませんし，入ってきたとしても全員に行き渡るだけの量は届かない，ということも起きます。そして，食べることが必要ならば，出す事も必要になります。電気も水も使えないなかでは，トイレも大変なことになってしまいます。さらに避難所が体育館のような場所であれば，夏はかなり暑くなりますし，[*2] 冬は凍える寒さです。[*3] 着の身着のままでは，一晩過ごすだけでもかなりつらいというのは想像していただけるかと思います。このように，開設初期の避難所は，かなり厳しい環境になることが想像いただけるのではないでしょうか。

　初期の過酷な状況から，少し落ち着いてきたらどうでしょうか。仮設のトイレが設置されたり，居住スペースの区画割が行われたり，掃除や消毒の役割分担がなされ，衛生環境が改善されたり，仮設のストーブやクーラーが設置されたりして，居住環境は少しずつ改善されていくかもしれません。しかし，「そもそも人が住むための施設でない」ところで「集団生活」を行うこと自体，なかなか大変なことです。自宅で過ごすようにはいきません。体育館などでは音も響きますし，自分の音が周りに聞こえるだけでなく，周りの音も聞こえてきます。自分のところだけ明るくしたり，暗くしたりもできません。パーティションがあっても低いため，プライバシーが確保されなかったり，着替えの場所にも困ることがあります。平常時に自分の部屋で過ごしている状態と比べて，ずいぶん違いますよね。女の子の場合，生理用品が必要でも言い出しにくいということもありそうです。受験を控えた時期だったりすると，こんな状況でも受験に向けた準備をし続けないといけないということもあるでしょう。食事も，毎日提供されるようになったとしても，毎食のように冷めたお弁当を食べ続けるのは過酷です。たとえば，スーパーの日替わり幕の内弁当を冷めたまま毎食食べ続けることを考えてみて下さい。なかなか厳しいと思いませんか？　実際，食物繊維などが不足することで便秘

92　　Ⅱ．この「気持ち」，どうにかならない？

など体調が悪くなる方もおられます。

　冒頭のまことさんの例を考えると，避難所に行ったときには自分が中学1年生で弟が2歳，弟がぐずると母親がだっこして外に出るという状況でした。小さな子どもがぐずったり大きな声を出したりするのは子どもの発達においては自然なことですが，集団生活のなかで，常に，誰かから「何とかしろ！」という態度をとられたらどうでしょうか？あるいは，「子どもが騒ぐのは仕方ないから，うるさくても周りの人が我慢すべき」としたらどうでしょうか？　どっちもストレスがたまりそうですよね。実際，2016年に起きた熊本地震の避難所でも，小さい子どもがいるので気を遣い，居づらくなって車避難というケースもたくさんありました*4。こんなとき，たとえば小さい子どもがいる世帯の部屋を用意したり，音が気になる人と音を出してしまう世帯を離して配置したりするような配慮ができたらどうでしょうか？

　避難所にいる人も多様なので，必要な配慮はさまざまです。そして，どの人にどんな配慮が必要かについてわかっている人は，当事者だけです。誰かが気づいてくれることもあるかもしれませんが，確実に気づいてもらえるとは限りません。避難所運営を取り仕切る人の価値観やその人の抱える事情がワタシと違ったら，ワタシに必要な配慮に気づいてもらうことはなかなか難しいですよね。避難所生活での生きづらさを少しでも軽減するためには，そこにいる人がお互いに配慮しあえるような関係を作っていくことが必要です。価値観が違うなかで，このような関係をいきなり作るのは難しいので，本当は災害前に地域の中でこのような関係性を作っていけるとよいと思います。昨今，地域の人や保健所，民生委員さんなど避難所の環境に関わる人たちが，災害前に避難所運営協議会などの組織を作って避難所運営について考える場づくりが進み始めていますが，こういった場に皆さん自身が入ったり，状況を伝えたりすることができると，多様な人がいるということを知ること，価値観の違いを認めること，お互いに収まりの良い配慮を考えることができるようになっていけるかもしれませんね。

　ここで，まことさんの避難所での状況を，まことさんが持つ属性に従って整理してみましょう（表1）。ここでは一例を挙げていますが，実際にはもっといろいろあるかもしれません。あなた自身の生きづらさを見える化してみたら，どうなりますか？

5　こんなはずじゃなかった　　93

表1　まことさんの避難所での状況

まことさんの属性	状況
被災者（自宅が全壊）	ずっと暮らしてきた家，大事にしてきたもの，友達にもらったプレゼントなどをすべて失ってしまった。災害が起きたときのことが急に思い出されたり，夢に見たりして息ができなくなったりする。家のローンも残っていたはず。避難所で生活することになった。
町内の○○さんのお子さん	町内の他の家も大きな被害を受けた。風景も変わってしまった。あまり町内会が活発でなかったので，友達がいる家以外とはあまりお付き合いがなかった。避難所でも，知らない人が多い。
（両親の）子ども	両親の職場もそれぞれ被災。仕事がなくなるかもという話を両親がしているのを聞く。経済的にも苦しいみたい。時々両親が言い合いをしている。私のことを話せる雰囲気じゃない。
（弟の）お姉ちゃん	弟はまだ2歳で，よくかんしゃくを起こしたり，泣いたりする。父は母になんとかしろというが，母もつらそう。母がつらいとき私が弟の相手をするけれど，かんしゃくが激しいと私もつらい。ぐずり始めると，「周りに迷惑をかけてしまう！」とビクビクしてしまう。
（中学の）生徒	学校は再開したけど，避難所では勉強する場所がなく，あまり勉強もできていない気がする。塾もなくなってしまって，このままついていけるかどうか不安。避難所にいる間に2年生に進級したけれど，高校受験などの話を聞くとどんどん不安になってしまう。学校の同級生で亡くなった人がいる。
（○○避難所の）避難者	避難所は体育館なので，冬はとても寒かった。最初は食べるものも少ししかなく，ずっとお腹を空かせていた。トイレは排泄物で山盛りになっていた。避難所は人でいっぱいだった。着替えができる場所もなく，プライバシーもなかった。
13歳女子	生理用品の配給を男性が行っていたのでもらいに行きにくい。物干し場所が1箇所しかなく，誰かに見られていると思うと下着を干せない。目が覚めると私のことをじっと見ている人がいて怖い。

3　長距離避難の生きづらさ

3.1　長距離避難する理由

　長距離避難というと特殊な事情というように思えるかもしれませんが，いろんな事情で長距離避難を行っている人がいます。また，2011年の東日本大震災のように，もともと住んでいた地域が壊滅的な被害を受けたり，福島第一原子力発電所の事故のようにもともと住んでいた地域にいられなくなったりというような場合には，非常に多くの方が長距離避難をすることにもなります。日本では，南海トラフの地震や東日本大震災のようにプレート境界型の巨大地震[*5]が繰り返し発生する場所に位置しています。そのため，今後の地震でも，長距離避難を選択せざるをえない人はたくさんおられるのではないかと推定されます。

長距離避難をする場合，避難先の地域では体育館などの避難所に受け入れを行う場合もありますが，その後は公営住宅や民間借り上げ住宅などでの受け入れが行われます。公営住宅や民間借り上げ住宅などへ入居する場合，空き住宅への入居となるため，避難してきた人同士が同じ住宅にまとまって入居できるとは限りません。また，避難する人の事情もいろいろなので時間経過と共に，元の居住地に戻って生活再建を目指す人，避難先に移住することを決断する人，高齢になって別の地域にいる親族の元に身を寄せる人など，人によっていろんな道をたどります。

元の居住地に職がある，住まいの確保ができるなど，生活基盤を整えられる場合には元の居住地に戻ることができますが，そうでないと帰還することが難しくなります。避難期間が長くなり，避難先に生活基盤ができてきた場合には，避難先に移住するほうが負担が少なくなるということもあるでしょう。避難時に小さい子どもがいた世帯などでは，避難期間が長くなると子どもにとっては元の居住地の記憶がほとんどなく，お友達もほとんどが避難先でできた人で，むしろ元の居住地に戻るほうが負担が大きくなるということもあります。さらに，避難生活中に受験時期を迎える年頃の子どもの場合（まことさんはこのケースですね）には，地域によって学校の環境やルールなどが異なっていたり，受験難易度や学校選択の常識が異なっていたりするため，何度も移動を繰り返すことは難しくなります。特に，引っ越しを繰り返すたびに新しい環境になじんだり，人間関係を新しく作りなおさなければいけなかったり，授業の進み方をカバーしたりするのは大変です。実際，受験があるので元の居住地に戻ることをやめた（あるいは延期した）という方もおられます。

3.2　福島第一原子力発電所の事故による長距離避難

2011 年の東日本大震災における長距離避難では，福島第一原子力発電所の事故による放射性物質拡散とその健康への影響を恐れて避難された方もたくさんおられます。このような事故の場合，すぐにはどこの地域でどれくらいの影響があるのかということが明確でなく，避難指示区域の方だけでなく，それ以外の地域の方で自主的な避難を決断された方も少なくありません。また，放射線の影響は子どもほど受けやすいということもあり，子どものいる世帯での避難も多く，津波による影響を直接受けていない地域では，働いている父親を残して母子で避難されたケースも多くありました。

誰にでも起きうる被災した私の生きづらさ

　福島第一原子力発電所の事故における子どもの放射線被曝の影響について
は，日本学術会議の報告（日本学術会議 2017）で指摘されているように，原
子放射線の影響に関する国連科学委員会（UNSCEAR）では「将来のがん統
計において事故による放射線被ばくに起因し得る有意な変化がみられるとは
予測されない，また先天性異常や遺伝性影響はみられない」「甲状腺がんに
ついては，最も高い被ばくを受けたと推定される子どもの集団については理
論上そのリスクが増加する可能性があるが，チェルノブイリ事故後のような
放射線誘発甲状腺がん発生の可能性を考慮しなくともよい」という見解が発
表されていますが，甲状腺がんリスクの評価については研究者によってはこ
れと異なる見解も発表されていることから，一般住民にとっては，なかなか
不安が払拭されない状況が続いています。このことは，「安全である」と考
える人と「危険である」と考える人が，お互いの考え方を受け止めづらい
（同意するということではなく，お互いの考えを認め合うこと）状況を生ん
でいます。このような認識の違いは，避難者にとってさらなる困難を生じさ
せています。たとえば，子どもの健康への影響を恐れて母子避難を行った
ケースでは，地元に残った父親と避難した母親で健康への影響に関する考え
方にギャップがあり，「健康被害がないのになぜ戻らないのか。いつまで家
族バラバラで生活しないといけないのか」という考えと，「健康被害がない
とはいえない。戻った後，万一子どもに影響があるとわかったら耐えられな
いので，まだ戻れない」という考えが平行線になり，離婚に至ってしまう
ケースもあります。避難先でも，不安な気持ちをわかってもらえないという
ことが，精神的なストレスになっていたりします。また，学校ではいじめに
発展することもありました。[*6] 筆者らによる長距離避難者を対象とした調査か
らも，長距離避難をされている方の心理的ストレスは，被災・長距離避難を
されていない方と比較して相対的に高い値になる事がわかってきています。

3.3　長距離避難による生きづらさ

　ここで，まことさんの長距離避難による生きづらさの状況を，まことさん
が持つ属性に従って整理してみましょう（表2）。避難所のときと同じように，
ここでは一例を挙げていますが，実際にはもっといろいろあるかもしれませ
ん。災害による長距離避難では，本人の積極的な希望以外の理由で，移動せ
ざるをえない状況に追い込まれます（自主避難は自己責任だという意見も聞

96　　Ⅱ．この「気持ち」，どうにかならない？

かれますが，筆者は，自主避難であっても，被災がなければ移動する必要は
なかったでしょうし，健康への影響がわからない状態では，自主避難という
選択を否定せず受け止めることは大事なことだと思います）。そして，移動
することによって，これまで居住していた地域でその人が持っていた社会関
係資本（たとえば，人間関係のつながりや地域コミュニティのつながりなど，
助け合える関係性）を失ってしまいます。移動によってこれまでの関係性を
失ってしまうことは，社会的に孤立しやすい状況を招きます。そして，一番
最初にふれたように，社会的孤立によって心身の健康状況の悪化のリスクが
高くなります。

　表2で見える化したまことさんの生きづらさについて解決のための方策
を見てみましょう。生きづらさの解決のための方策は，大きく分けて，①自
分のなかの考え方一つで楽になるもの，②お互いの関係性のなかで解決する

表2　まことさんの生きづらさの状況

まことさんの属性	状況
避難先の住民	避難先の地域には知り合いもいなかったので，最初はとても心細かった。今は友達もできたけど，なじむまで大変だった。避難先は方言も違うし，元の地域と違って都会なので，人との距離も違う気がする。売っているものも少し違う。地域の人には，避難してきたことを話すと「なんで帰らないの？」といわれることがストレスらしく，両親は，避難者ですということはいわなくなった。町内会には入っていないので，こちらの地域の人とのつながりはあまりない。
（両親の）子ども	両親の職場もそれぞれ被災。こちらに避難してきてから仕事を見つけて働いているが，以前より収入は下がったみたい。最初は元の地域に戻るつもりだったみたいだけど，今では避難先に当面居住することを考えているらしい。父は弟が独立したら地元に帰りたいとこぼしていた。
（弟の）お姉ちゃん	弟は小学2年生になった。以前住んでいたところの記憶はほとんどないみたい。言葉も避難先の方言のほうが自然に出てくる。両親も大変なので，弟のめんどうをみることも多い。
大学の学生	両親も大変そうだし，弟のめんどうもあるので，家から通える大学を希望して合格した。学業は，今のところ順調だと思う。いろいろ思い出すし，いろいろ聞かれるのもつらいので，被災したことはあまり周りには言っていない。
19歳女子	今は落ち着いたけど，中学の頃は学校に行けない日も多かった。被災のことを思い出したり，両親の口論を聞いたりして気分が落ち込むときがあり，引きこもっている時期もあった。

＊　長期避難している人の事情やおかれている状況は非常にさまざまです。まことさんの例は本
当にごくごく一部を示したもので，長距離避難している人の全員がこれに当てはまるわけではあ
りません。この点ご注意下さい。

必要があるもの，③解決のためには社会システムを変えることが必要なもの，の三つに整理されます。まことさんの場合，①については例示が難しいですが，②については，まことさんは家のなかでも両親を助けようと我慢していることがたくさんありそうなので，両親に素直な気持ちを話せるようになるなど，両親との関係性に係わるアプローチがありそうです。③については，まことさんのご家庭では，地域の人とのつながりがあまりなく，地域に頼れる人がいないようです。居住場所を遠くに移動することは，社会関係資本や孤立のリスクが高くなりますので，長距離避難が生じるような災害では，災害対策として孤立防止のための対策を組み込んでいくことが必要でしょう。

4 おわりに

　災害に遭うということは，災害による直接の影響（地震による建物の倒壊，津波や土砂災害による家屋の流失，洪水による浸水など）だけでなく，引き続く避難生活，生活再建までの道のりについても，非常に困難な状況が続きます。そのため，災害対策は，災害による直接の被害を軽減すること（自宅を倒壊させない。倒れてきたら危ないところに家具を置かない／固定する。土砂災害警戒地域に住まない。土砂災害危険地域や浸水危険地域に住んでいる場合は，天気予報などで危険性が予測される場合には危険性がない時期に避難を開始する。など）だけでなく，生き残った後の生活環境をできるだけ良い状態にするということが大事になります。被災後の生活は，助け合いや多様性を踏まえた相互理解に基づく配慮の有無によって生きづらさの状況が大きく変わります。

　まことさんの生きづらさの整理に見られたように，被災後の生きづらさは人や立場によって大きく異なりますし，その対処法も，自分や家族だけで解決できるもの，周りの人と理解し合うことで解決できるもの，解決のためには社会制度や仕組みを利用することが必要なものなど，多岐にわたります。このとき，自分の置かれた状況と生きづらさを見える化できると，それぞれの解決のための方策についても整理されてきます。一度，あなたの生きづらさを見える化してみてはいかがでしょうか。

　被災した人からは「まさかこんなことが起きるなんて」という言葉を聞きますが「こうなると思っていた」という話はあまり聞きません。つまり，被

災前はみんな，「私の住んでいるところは安全だから」と思い込んでいたということです。あなたの地域，本当に安全ですか？　自分が被災したことがないというのは，安全であるという根拠にはなりませんよ。こちらについても一度調べてみることをお勧めします。

○「ワタシの生きづらさ」へのワンポイントアドバイス
　災害はいつ起きるかわかりません。それだけに，誰にでも被災するリスクはあります。被災時の生きづらさは，その人の生命を左右するほど大きなものです。それだけに，災害前から，そういう生きづらさ（災害による直接の死傷も含めて）の状況やリスクを知っておくこと，生きづらさの構造を整理することで，あなた自身の生きづらさの処方箋も見えてくると思います。特に，災害前にこれらについて考えておくことができたら，災害後の生きづらさを少しでも軽減するための準備もできてくると思います。

〈註〉
＊1　行政や支援活動における被災者の把握では，避難所にいる人は把握してもらいやすいですが，在宅や車中，それ以外の場所などで生活されている場合には，把握してもらうまでに長い時間がかかってしまうこともあります。そうなると，必要な支援が届きにくくなります。
＊2　2016年の熊本地震や，2017年の九州北部豪雨でも，避難所で熱中症になる方が出ています。
＊3　2011年の東日本大震災直後には，多くの方が低体温症で搬送されています（津波によって水に濡れた方が多いですが）。http://medg.jp/mt/?p=1344
＊4　北九州市立大学の稲月正さんによる第12回福岡県防災講演会資料「熊本地震における車中避難者の実態とその後の支援について」では，アンケート調査によって，車中避難に至る理由の多くが，人が多く落ち着かないことと周囲に気を遣うことであることを指摘しています。
＊5　日本の地震は大きく分けて，内陸の活断層による地震（1995年兵庫県南部地震，2016年熊本地震など）と海溝型のプレート境界の地震（1944年昭和東南海地震，2011年東北地方太平洋沖地震など）の2種類の地震があります。地球の表面は十数枚のプレートで覆われています。地球内部のマントルは対流しており，その上に乗っているプレートは移動しています。プレートの境界では，プレートが潜り込んだり，ぶつかったり，離れたり，すれ違ったりするために，大きな地震が発

生しやすくなっています。日本は4枚のプレート上に位置しているため，プレート境界の地震も繰り返し発生しています。太平洋側の南海トラフの地震は，100年から200年の周期で繰り返して発生しています。

＊6 2017年に報告された文部科学省の調査結果（http://www.mext.go.jp/b_menu/houdou/29/04/__icsFiles/afieldfile/2017/04/11/1384371_2_2.pdf）では2015,2016年度に福島県から避難している児童生徒に対するいじめがあわせて199件あったことが報告されています。

〈参考文献〉

Holt-Lunstad, Julianne et al. (2015) "Loneliness and Social Isolation as Risk Factors for Mortality: A Meta-Analytic Review", *Perspectives on Psychological Science*, March 2015 vol. 10 no. 2 227-237doi: 10.1177/1745691614568352

斎藤雅茂ほか（2015）「健康指標との関連からみた高齢者の社会的孤立基準の検討 10年間のAGESコホートより」『日本公衆衛生雑誌』第62巻第3号，pp.95-105。

日本学術会議臨床医学委員会 放射線防護・リスクマネジメント分科会（2017）『報告 子どもの放射線被曝の影響と今後の課題——現在の科学的知見を福島で生かすために』。

生きづらさインデックス

『発達障害』かもしれない自分の生きづらさ

6

大学生活いろいろ難しい

……「障害学生支援」からの処方箋

舩越高樹

❏「発達障害」かもしれない19歳のユウキさん（仮名）

　ボクは国立大学に通っている2年生，もうすぐ20歳になります。小さいときからいろいろあったし，高校時代にもいろいろやらかしてきました。でも，なんとなく枠に収まって，なんとかやってこられたと思っています。友達は少ないです。イジメっぽいことをされたこともありますし，なぜだかトラブルになりやすく，深い付き合いをする友達に出会えたことはありません。

　最近，テレビでやたらと発達障害という言葉を聞きます。コミュニケーションが苦手，特定のことにこだわりが強い……いろいろ聞いていると自分にも当てはまることが多いなと感じます。

　確かにいろいろ困ったことが起こります。でもそれってボクの努力不足が原因……そう思ってやってきました。発達障害ってそんなに大変なことなのですか？　ボクは生まれたときから「この」ボクしか知りません。だからこれがあたりまえだと思ってきました。ほかのみんなは努力してうまくやっているのだと思いました。ボクってそんなに変ですか？

　変わっていますか？　迷惑をかけていますか？　何が正しくて，何が間違っているのか。何がおかしくて，何が普通なのか。正直ボクにはわかりません。ただ，うまくやれていないということだけはわかります。ボクなりに頑張っているのに。

　ではどうすればいいですか？　医者に行って薬をもらえば治ります

101

『発達障害』かもしれない自分の生きづらさ

> か？　発達「障害」っていうくらいだから，薬とかカウンセリングとか
> じゃ治せないんですよね？　そもそもボクは本当に発達障害なんです
> か？　大学では誰に相談すればいいですか？　誰か助けてくれるのです
> か？　大学生っていえばもう大人扱いされる歳ですよね？　すべて自己
> 責任で頑張るのが大学生だと思っています。ボクの悩みなんて，「大学
> 生のくせに何言ってるんだ？」と笑われないですか？
> 　来年になれば就職活動も始めなければなりません。こんなボクでも就
> 職できますか？　教えてくれるというのなら，ぜひいろいろ教えて欲し
> いです。

1　ボクの難しさ

　ボクは今，経済学部に通っています。なぜこの学部を選んだのか……，積極的な理由は特にありません。予備校の模試を受けたら，なんとなくこの大学に合う偏差値が出た，それくらいの理由です。経済学に興味があるわけでも，この大学にどうしても来たかったわけでもないです。強いていうならば……数学が得意だったからでしょうか。数学はちゃんと答えにたどり着くからいいですよね，結果がはっきりしているから。その割には物理とか化学とかの理科系の教科で良い成績が取れなかったので，理系の学部は選びませんでした。理科系の教科が嫌いだったわけでもありません。どちらかというと理科系を担当した高校の先生が嫌いだったというのが本音です。レポートの書き方，ノートの取り方を，いちいち細かく指定して，言う通りに書かないと減点されたのです。それに合わせて頑張る気力が全く湧かなくて。小さい頃は親にも「末は科学者か？」といわれるくらいに理科が好きだったのですが，自分とは合わないと思う人と出会うと，途端にその人に関係するすべてのことを遠ざけたくなってしまうところが自分にはあり，その教科全体に真面目に取り組むことをやめてしまいました。今思えば，先生が嫌いということと，教科に真面目に取り組むか取り組まないというのは全く別のことなのに。0か100か，すべてそんな感じで判断してしまいます。

　大学に入ると戸惑うことがたくさん待っていました。入ってすぐのガイダンスからして訳がわからなかった。学部教員紹介はA棟201，履修ガイダン

102　　Ⅱ．この「気持ち」，どうにかならない？

スは105大教室，そして履修登録ガイダンスはメディアセンターへ……高校のときは校舎も広くなかったし，クラスみんなで動いていたから，みんなになんとなくついていけば，なんとかなっていました。でも，大学にはクラスがないし，コースごとにガイダンスの場所も中身も違っていました。途中まで他のコースのガイダンスに出ていた，なんてこともありました。キャンパスもだだっ広いので体育の授業もどこで着替えてどこへ行ったら授業を受けられるのかわからず困りました。

　誰かに質問すればいいじゃないかといわれるかもしれません。でも，みんな自分でできているのに，ボクだけわからないなんて恥ずかしくて聞けません。大学の職員に聞けばいいのかもしれないけど，窓口があちこちたくさんありすぎて，どこに聞きに行ったらいいのかわかりませんでした。

　みんなはサークルの先輩や，友達に相談していたようでした。でもサークルに入っていないボクには誰にも相談できませんでした。選択必修で取ることができる教科になんだかいろいろ縛りがあるようで訳がわからず，親にも相談しました。母親もいろいろ見てはくれたけど「あなたがわからないのに，私にわかる訳ないでしょ？」といわれました。父親なんてもっと最悪で，「大学生だろ？　自分でやれ」とたった一言。相談したボクが悪かった。結局「事務室で聞いたら？」との母親に勧められ，窓口の前まで行ってみましたけど……事務さん忙しそうですし，誰もこっちを見てくれません。なんだか声もかけづらいし，どうしたらいいのかわからないまま，結局声をかけられずに帰ってきてしまいました。家に帰ってもう一度見た情報システムの画面，なんだか黄色いマークがいくつか出てるけど，もういいや。もうわからない。失敗してたら先生か誰かが教えてくれるよな，そう思っていました。

　6月。中間レポートを出す授業があったり，テストがあったりしました。一気にいろんなテストやレポートが出されるものだから大混乱でした。何から手をつけていいのか，どうしたらいいのかわかりません。そもそも腹が立つ授業がたくさんありました。シラバスに書かれている授業計画，あれはなんだ？　ずれてばっかりいるじゃないか！　予定通りに進んでいる授業のほうが少ない。教科書，高い！　びっくりするほど高い。しかも買わせたくせにほとんど授業じゃ使わないし，内容も全然違うことを取り扱っている先生もいました。予習なんてそもそもできない授業も多く，高校までと明らかに違う環境に戸惑うことばかりでした。でも，トドメはこの先に待っていたの

です。

　一生懸命睡眠時間を削って書いて出した中間レポート。提出した次の週，統計学基礎の先生にいきなり呼び出されました。「タマチユウキさんはいますか？　いたら前に来てください。」また何かやらかしたか？と思い，前に出ました。「君の名前，名簿に載ってないよ？　ちゃんと登録してある？」

2　相談にのってもらうということ

　このあとのことは，思い出すだけでもつらいです。事務室（本当は学務係というらしい，ということを知ったのはごく最近のこと）にすぐに行けといわれて行ってきました。前に質問を断念した，あの窓口です。

　事務さんに勇気を振り絞ってさっき先生にいわれたことを話しました。そしたら……

　「タマチユウキさんですね……。システム見てみますけど……あー，これ，最後まで登録作業しましたか？　完了ボタンまでたどり着きましたか？　コース指定科目で自動登録される教科以外は，登録無しになっていますけど。」

　こうしてとても困ることになりました。2年生へは自動的になれる仕組みだったので，即座に留年決定ということにはなりませんでした。でも，2年生にたくさん授業を取らなければならなくなってしまい，すぐにコース長の先生に呼び出されました。

　「「サポートルーム」って知ってますか？　大学生活で，特に授業とか実習とかで支援が必要だったり，うまくいかなかったりすることがある学生に対して，文字通りサポートをしてくれるところです。一度相談に行ってきたらどうですか？」

　そう先生に勧められて，あまり気乗りはしなかったけれど，サポートルームとかいうところに行ってみることにしました。扉を開けて入ってみたら，事務の方がいて，すぐに相談は無理だから翌日の夕方に改めて来るようにといわれ，そうしました。次の日に再度行くと，ミチガミさんという方が対応してくれました。

　「はじめまして。私はサポートルームコーディネーターのミチガミです。学生の皆さんが困っていることについて聞いて，カウンセリングが必要ならカウンセラーさん，お医者さんの診断が必要ならお医者さんを紹介します。

そして授業とか実習とかで先生方に協力してもらうことや，調整してもらうことがあれば，学生さんと一緒に交渉したり，調整したりしています。主な対象は障害があったり，慢性的な病気があったりする学生ですが，何が原因だか分からないけれど困っていることがある学生，そういう学生も対象です。障害か障害じゃないのか，病気か病気じゃないのかの垣根なんて，素人にはわからないですからね。それが私の仕事です」。

それなら……という気持ちになって，履修登録を失敗していることを話しました。そしたらそれ以外にも困っていることについて話をし，これまでにやらかしてきたことも，いろいろ話をしてみました。

「私は心理カウンセラーではありません。だから，もし君が悩みごとを整理したい，気持ちを整理したいと思うならば，カウンセラーさんを紹介しますよ」。

カウンセリングを受けてみようかなと，少し心は揺らぎました。でも，ボクの問題は悩み事というレベルではない気がしました。もっとリアルで具体的に困っている。困り感，困難さ，生きること自体の難しさ，生きづらさ……それを誰かの助けを借りてでも，減らしたいのです。

＊大学で受けられる支援

障害学生支援という言葉を知っているだろうか。近年，国公私立を問わず，さまざまな大学で障害のある学生への支援が強化され始めている。これは2016年4月に施行された「障害による差別の解消の推進のための法律」いわゆる「障害者差別解消法」の影響が大きい。

この法律の施行により国公立大学では，障害による不当な差別的取り扱いの禁止，そして，合理的配慮の不提供の禁止などが決められた。私立大学ではこの合理的配慮の提供は努力義務とされているが，少しずつ支援に取り組む大学は増えてきている。

障害による不当な差別的取り扱いの禁止が何を意味するのかは想像に難くないと思う。簡単にいうと，障害の有無によって大学での学びに差が生じてはいけないということである。

合理的配慮とは何か，これは少し難しい。日本で「障害者差別解消法」が施行される元となった障害者の権利に関する条約第2条において，「合理的配慮」は，「障害者が他の者との平等を基礎として全ての人権及

『発達障害』かもしれない自分の生きづらさ

び基本的自由を享有し，又は行使することを確保するための必要かつ適当な変更及び調整であって，特定の場合において必要とされるものであり，かつ，均衡を失した又は過度の負担を課さないもの」と定義されている。

なんだか難しいけれど要は，障害のある人がない人と同等の暮らしができるように，その人のニーズに合わせて，周りの人びとにとって過度の負担になったり，過度に不公平になったりしない範囲で変更・調整することを指している。たとえば，視覚に障害のある人が大学入試を受ける際に，紙に印刷されたテストしか用意されなければその人は入試を受けることができないけれど，点字のテストや口頭試問が用意されれば，入試を受けることができる。このように本人のニーズに応じて，変更や調整を行い，障害のない人と同等のかたちでさまざまな機会を享受できるようにすることが合理的配慮である。

障害のある人が何の配慮もなしに大学生活を送ることは難しい場合が多々ある。もし，ある大学が障害のある人たちに合理的配慮を提供しない，とするならば，それすなわちその大学は障害のある人の入学を拒んでいることになる。法律上は（この本が出版される時点では）合理的配慮の提供が「努力」義務とされた私立大学でも，合理的配慮が提供されないことは即，障害による不当な差別をしていることになる。だから，努力義務とはいえ，法の趣旨に沿うならば私立大学だって合理的配慮の提供はほとんど義務だといっていい。

だから，もし今君に何らかの障害があるのだとしたら，それが理由で大学でしんどい思いや不便な思いをしているのなら，大学の先生や職員に相談してみるといい。障害や慢性疾患などが理由でできないことがあるならば，必要な支援を可能な範囲でしてくれる可能性は低くはない。もししてくれなかったり，してくれたとして不満の残るものだったりしたら，その異議申し立てを受け入れてくれる仕組みも都道府県レベルで存在する。一度都道府県庁に問い合わせてみるといい。我慢することは損だと思う。

問題は，自分のしんどさや生きづらさが，障害によるものなのか，病気によるものなのか，わからないときだ。特に発達障害の場合は外見からだけでは判断できることはほとんどない。障害かどうかを判断するた

106　　II．この「気持ち」，どうにかならない？

めには精神科等の医師の診断がいる。でも，医師のところへ行くのも勇
気がいる。自分に障害があると診断されるとしたら，二の足を踏んでし
まう人は多いだろう。そこをどう考えたら良いのだろうか。

3　障害かどうかわからない：診断を受けるということ

　ミチガミさんとはその後，週に一度のペースで面談をすることにして，
日々の生活の中で困ったことを相談するようになっていました。
　2か月くらい経った頃でしょうか，ずっと気になっていることを思い切っ
て聞いてみました。「ボクって発達障害ってやつなんでしょうか……」
　答えは意外なほどあっさりしていた。「私にはわかりません」。えっ？と拍
子抜けだった。だって，ミチガミさんって，障害のある人とかの支援を担当
する専門の先生でしょ？それなのにわからないってどういうことなんだ？と，
とても訝しい思いになりました。
　「発達障害かどうなのか。そういう傾向のある人というのはたくさんいま
す。2012年に文部科学省が小学校で行った調査だと，担任の先生が知って
いる範囲の知識で判断して，この児童は発達障害じゃないのか？と感じた子
どもの数は，全体の7.4％だったということがわかっています。これをその
まま日本の総人口に当てはめてみたらどうなるかわかりますか？　だいたい
1000万人くらいの人たちが発達障害だということになってしまうのです。
すごい数でしょう？　それくらいたくさんの発達障害かもしれないという人
たちがいるなかで，ネットやテレビで紹介されている事例と自分の特徴を比
較するだけで自分が発達障害だと判断するのはとても危ういことです。誰に
でも当てはまるような事例の紹介のされ方はたくさんあります。面白おかし
く，不適切な表現が用いられていることもあります。だから，本当に自分が
発達障害なのかどうなのか知りたい場合は，適切な検査と医師の診断を受け
なければなりません。診断を受けるか受けないかは，本人が決めることなの
で，私から検査を受けなさいとか，診断を受けなさいということを勧めるこ
とはしません。自分でそれが必要だと思った時に受ければいいのです。タマ
チ君は医師の診断を受けてみたいですか？」
　キタ！と思ったけれど，そのときは正直な思いを伝えることにしました。
「これだけいろいろなことが起こっているので，何が原因なのかわかるなら

診断でも検査でも何でも受けてみたいと思います。自分にできないことは何か，どうしてそうなるのかを知りたいという気持ちはあります。でも，それと同時に自分が発達障害だと診断されてしまうことも，ちょっと怖いなという気持ちもあります」。

それにミチガミさんはこう答えました。「それならば診断を受けてみたいという気持ちに沿って話をしますね。診断に必要な検査は，確かに苦手なところが明らかになるという側面はあるけれど，本来は得意なところを探すために受けるものなのです。発達障害という診断が出ることに対して怖い，という気持ちがあるのもとてもよくわかります。でも，診断後に明らかになるのは怖いことだけでしょうか。発達障害の傾向のある人はたくさんいます。診断を受ける必要があるかどうかは，発達障害のある人によく起こるといわれる苦手さがある場合でも状況によって異なります。苦手さがあっても気にせずに適応できていたり，周りの人の少しの助けがあれば問題なく過ごせたりしている場合は無理に診断を受ける必要はありません。でも，困難度合いが高い人の場合には，診断を受けることによって自分の苦手さに対する理解が深まり，周囲の人たちにうまく助けてもらえるようになったり，自分だけでやみくもに頑張って疲れ切ってしまうことを防いだりできる場合があります。そのときは診断を受けてもいいのではないか？と話すようにしています」。

「ボクはあまりにもいろいろやらかしているし，しんどい思いをしています。努力してもどうしようもないことも多くて，どうしたらいいか教えてもらったり，必要なときには手伝ってもらえたりするようになるならば，診断を受けてみるのも悪くないかもと思い始めています。でも，診断を受ければしんどさは減りますか？　解決することは何ですか？　ボクはそれが知りたいです」。

「そうですね，診断を受けたから何かがスッキリ良くなるわけでも，解決する訳でもありません。でも，自分の心構えは大きく変わります。原因もわからず，対応もわからないのに，周囲の人があたりまえだといっていることに無理やり自分を合わせなければと焦り，がむしゃらに合わせようとすることからは逃れられます。自分の苦手なところはどういうところで，逆に得意なところは何なのか。それを知ったうえで自分なりに対策を立てて行動できるようになれるはずです。下手な鉄砲数打ちゃ当たる，の状況からは少しは

解放されると思います。そしてさらにいうと，自分の得意なことが明確になり，よりよい進路選択につながる。必要ならば投薬やカウンセリングを受けることができる。就職に関してさまざまな支援サービスを利用するきっかけになる。周囲の人があなたのことを理解しやすくなり，支援しやすくなる……等々いろいろあります。一方でデメリットもあります。何でも障害のせいにして逃げてしまうようになる人もなかにはいます。発達障害に対応できる医師や支援機関はまだまだ少ないです。大学でも就職先でも適切なサポート体制が整っていないと，かえって混乱することがあります。残念ながら障害に対する社会的な偏見や差別は残っています」。

「メリットの部分には魅力を感じます。これまで自力でいろいろやってきても失敗してきたわけで，それももう限界だと感じています。でも，デメリットもあるのですね……」。

「でも，大学には保健管理センターが設置されていて常勤の精神科医もいますし，臨床心理士もいます。私も含めていざというときにあなたを支えるスタッフはそろっていますから，その点は安心して大丈夫です。卒業後もいろんな支援機関が増えてきていますから，在学中からそういうところについて知っておけば，相談や支援を受けることもできるようになってきています」。

「診断を受けたとして，それを周りの人たちには話したほうがいいのでしょうか。一番大変な思いをしているのは，周りの友達との関係なので」。

「周りの人に話すかどうかはあなた自身が決めることです。でももし，あなたがそれを周囲の人にカミングアウトすることを選んだのだとしたら，周囲の人の対応は大きく変わるはずです。カミングアウトしないならば周囲の人たちは君にいろんな苦手さがあって，いろんなことで悩んで，苦労しているということをわかってはくれません。発達障害の人かどうかは，見た目ではわからないですよね」。

「はい。ボクがいろいろ苦労していることは，みんなにはわからないと思います。いろいろやらかしている姿をみて笑っている奴もいるし，怪訝な顔をして近づこうとしない人もいます。仲良くなれたかな？と期待を膨らませた奴との間でもなんとなくギクシャクしてしまい，結果的に無視された，なんてこともありました。どうしても友達が欲しいわけではありません。でも，あからさまに無視されたり，攻撃的な態度を取られたりしたら，ボクだって

6　大学生活いろいろ難しい　　109

人間ですから気分悪くなります」。

「そういうときに，君がとっている行動がわざとやっているのではないか，とか，悪意をもってやっているのではないか，と捉えられてしまうこともあると思うのです。自分の努力だけでは解決するのが難しい障害があるのだと知ったならば，少なくともわざとだったり，悪意があったりしてやっていることではないということはわかってもらえると思います。もちろん，障害があるから何でも大目に見てもらえるようになるということはありません。自分の力で努力しなければならないところは当然残ります」。

そりゃそうだよな，とボクも思います。すべてを大目に見てもらいたいなんてこれっぽっちも思わないし，おまけしてもらいたいなどとも思わない。むしろ自分で努力して，何でも解決していきたいと思う気持ちが強いですし，そう思ってやってきたところがあります。でも，自力ではどうしようもないことがたくさんあるし，むしろ自力で何とかしようとすればするほどミスが増える気すらします。ミスややらかしの多重債務状態……。ボクの苦しみや生きづらさはそんなふうにして形作られていると思います。少しでも何かが変わるなら……，何かが見えてくる可能性があるなら，検査や診断をこの際しっかり受けてみようと思いました。

＊発達障害を診断してもらうためには

大学のなかで診断を受けられれば一番いいのだが，大学に設置されている保健管理センターや診療所，保健室で診断を受けることはできない場合がほとんどである。精神科や心療内科といわれる診療科がある病院に対して紹介状を書いてもらい，さまざまな検査を受けてもらうことになる。ただ，診断とまではいかなくても，発達障害の人に特有の苦手さがあるのかどうかの傾向を知るために受ける心理発達検査については，学生相談を担当している臨床心理士や臨床発達心理士といわれる資格を持った人たちが実施してくれる場合がある。いずれにせよ，大学にある相談担当部署を訪ねて，気軽に相談してみることをお勧めする。専門職が担当する相談窓口では，個人情報保護はあたりまえ，プライバシーに対する配慮もあたりまえになされる時代になっているので，君が求めない相手に相談内容が漏れることを心配する必要はない。

一方で，大学の人には絶対に相談したくない，不安だ，というこだわ

りのある人もいるはずである。そういう人たちは，どの都道府県にも設置されている「発達障害者支援センター」を訪ねてみることをお勧めする。ここは発達障害の診断のある人だけを対象にしているわけではなく，発達障害かもしれないと悩む人たちの相談にもきちんと乗ってくれる専門家がいるところだ。もし君が相談だけではなく，診断も受けたいという希望を持っているならば，その近隣にある，診断を受けることができる病院もいくつか教えてくれるはずだ。

　注意しなければならないこと，一番してはいけないことは，ネットや雑誌，書籍などを見て，勝手に自分で解釈したり，この診断名がつくのではないかと判断してしまったりすることだ。発達障害を診断することは，精神科医の医師でも難しいといわれている。経験や知識のない医師には適切な診断を下せないケースもあるという。ましてや自己判断は客観的な判断ではなく，主観的な判断になってしまうため，適切な診断名に自分の状態を当てはめて考えることも難しいはずだ。診断を受けたいならば適切な医療機関で，適切な診断を受けるようにしよう。

4　診断を受けてみた

　ミチガミさんに保健管理センターの医師を紹介してもらい，その方から発達障害の診断を下すことができる病院をいくつか紹介してもらいました。そのなかからネットで調べて，雰囲気が良さそうな病院，大学から通いやすいところに思い切って予約を入れてみました。初診は1か月後といわれ唖然としましたが，これでも短いほうなのだそうです。直接予約を入れていいのか尋ねたのですが，大きい病院だと紹介状無しで受診すると選定療養費用として数千円単位のお金が取られるそうなのです。保健管理センターに紹介状を書いてもらえば紹介状有りの受診となり，そういう費用はかからなくなるそうなので，それを利用し，学生のボクでも安心して受診することができました。

　何日間かかけて，診断結果が出ました。診断名は「ASD（自閉スペクトラム症）」でした。「ADHD（注意欠如・多動性症）」の傾向もあるそうです。少しだけボクの状態を話すと，苦手なのは人の話を，"聞く"だけで理解することで，逆に物を"見て"判断することは得意だそうです。同時にたくさ

6　大学生活いろいろ難しい　　111

んのことをいわれても，すべてを頭にとどめておくことは難しいそうで，聞き漏らしや一部の自分が気になったことしか記憶に残らないといった傾向があるそうです。テストとかレポートとかが一気に集中する学期末に，全体の見通しを立てない状態でうまく課題をさばいたりテストに向けて備えたりすることも難しいそうです。

　診断書と検査結果をまとめた手紙を保健管理センター宛に病院の先生が書いてくださったので，それを持って保健管理センターの先生に渡しに行きました。結果を見て，これは授業時の「合理的配慮」を検討したほうがいいといわれたので，再度ミチガミさんにも一緒に保健管理センターの先生の説明を聞くことにして，対策を立てていくことになりました。

　ミチガミさんは，これまでも説明のときにメモを書いてボクに向かって示しながら説明してくれることがありましたが，こういう傾向があることを見抜いていたのかもしれません。診断を受けてからは前よりも丁寧にメモを示しながら説明してくれるようになりました。感想は率直にいって「何て楽なんだろう」です。それまではあれも忘れないようにしなければ，これも忘れないようにしなければと必死になっていたし，話の中身に気になることがあると，そのことばかりに気を取られて，全体で何をいわれたのか理解できないまま終わることもありました。それに，そのときほかに気になることや，やりたいことがある場合には，そのことばかりが気になって上の空になり，話を聞きもらすなんてこともありました。失敗してしまった履修登録のときも，今思えば警告のサインとして表示されていた黄色の印が，リズムよく並んだきれいな模様のようにボクには見えたので，警告とは思わず，なんだかキレイだなと全く別のことを考えて終わりにしてしまっていたと思います。それくらい変なところにこだわったり，気を惹かれたりということはしょっちゅう起こっていました。

　検査を受けて説明されたことは自分ではすごく納得がいくことばかりでした。よくぞうまく説明してくれた！と感動したほどです。検査を受ける前もいろいろとミチガミさんと話し合ってみたけれど，うまく説明できないことがたくさんありました。でも今は自分で説明できなかったことも，検査結果で示された内容を使って，クリアに説明することができます。それだけでもまずは楽になったと思えました。

5 修学上の合理的配慮を受けるには：合理的配慮は何をどこまでしてもらえるのか

　ミチガミさんに相談にのってもらい，先生方に「合理的配慮」をお願いすることになりました。ボクの大学では「合理的配慮願」という書類を学部長宛に提出して，授業時にいろいろ配慮してもらいます。話し合いの結果決めた内容は，「①試験に関する情報やレポートなど課題に関する重要な事柄は，口頭での説明ではなく，紙面に書いて示す。②課題の提出期限について，努力してもどうしても間に合わないことがあるため，可能な範囲で延長を認めてもらう」です。

　②の期限延長なんて，そんなのできるの？とボク自身がとてもびっくりしたのですが，ミチガミさんの説明はこうでした。

　「あなたの診断書には「遂行機能障害」と書かれていました。先日のケース会のときに保健管理センターの先生があなたにも改めて説明してくださっていたけれど，学期末の試験や課題が一気に集中する時期になると焦ってしまったり，どれから順番に手をつけていいかわからなくなってしまったりして，うまく課題をこなせないということが起こってしまうそうです。その対策として期限延長を認めてもらいましょうという判断をしました」。

　期限を守るなんてことは社会生活の基礎中の基礎。それを守れないなんて論外だ！というのがこれまで出会ってきた先生たちが皆，口を揃えていってきたことでした。それがこうもあっさり認められたので本当に大丈夫なのかさらに聞いてみました。

　「大学で認められる合理的配慮の内容はいろいろと取り決めがあります。この大学でも職員対応要領というのが定められていて，その追加文書に留意事項というものが付けられていて，大学の職員が提供できる合理的配慮の具体例が，全部ではないですが示されています。そこにちゃんと期限延長のことも示されています。

　大学の授業等で認められる合理的配慮では，その授業で学生が学ぶべき，教育の目的・内容そして機能の本質について，さらに評価基準については変えることはできません。経済学部では数学的な知見もデータ解析等で必須になるので数学の授業もあると思うのですが，数的処理の苦手さがあるから数

6　大学生活いろいろ難しい　　113

学について理解することは無しにして，全く関係ない英語の論文の翻訳を出せば単位をあげましょう，などということにはなりません。あたりまえですが。でも，数学の授業で学生が学ぶべきことは数学に関する事柄であって，「提出期限を守ること」ではないですよね。期限を守るということは生活上のルールであって，数学の授業を通じて理解しなければならないことではありませんよね。もちろん，提出期限は守れたほうがいいです。でも，数学の授業で理解しなければならないことではない。他の学生と比べて不公平じゃないかと思われるかもしれない。でも，あなたの場合はそこに困難さがあるとお医者さんが診断を出してくださっている。だったらむしろ，あなたが困っている原因になっている障害を無視して，無理やり提出期限に間に合わさせるほうがよっぽど不公平です。それこそが障害によって生じることによってあなたに不利益をもたらすことになる。これこそまさに「障害による不当な差別的取り扱い」ということになります」。

　そこまでできるの？とさらに驚きました。でもこの人がここまで力説しているのだから，間違いはないのでしょう。実際に提出した合理的配慮願はそのまま受理されて，必要に応じて提出期限の延長が認められ，その後いくつかの教科で実際にそれで救われました。でも，しつこいかもしれませんが，本当にそれでいいのか？という思いが自分でもしなくはないです。そんなに甘えた状態に自分を置いてしまって，大学ではそれでいいかもしれませんが，卒業後，社会人になってからは通用しないのではないかと疑問が湧きました。しばらくしてからこのこともミチガミさんにどう考えたらいいのか，不安を感じていると話をしてみました。

　「確かに期限を守れなければ社会的な信用を大きく失うことになります。でも，今君が気にすべきなのはそこでしょうか。社会人になってからのことを心配する必要が，今のあなたにあるでしょうか。合理的配慮を受けられる事柄に対しては受けて，安心して勉強に取り組み，課題で良い成績を修め，着実に単位を取っていくことこそが大事なのではないでしょうか。そうやっていかなければ進級もできなくなり，卒業することもできなくなります。その結果は当然，大卒資格を持てなくなるということにつながります。社会人になる前に躓いてしまう。まずそれを避けるべきですよね。期限を守ることが難しい人向けのトレーニングもあります。それに学生のうちに取り組んでみるという手もあります。少しずつ慣れてくれば，期限を守れるようになる

でしょう。ぜひそこを目指して欲しいと私は思います。そして何より大事なことは，期限に追い立てられることがあらかじめ予測できる仕事，あなたの苦手なところが出てしまう仕事には就かないようにすること，それが大事だと思いますよ」。

＊合理的配慮とは何か

合理的配慮については先ほど簡単に触れたが，もう少し詳しく説明しよう。合理的配慮とは「障害者の権利に関する条約」第２条（定義）に「障害者が他の者との平等を基礎として全ての人権及び基本的自由を享有し，又は行使することを確保するための①必要かつ適当な変更及び調整であって，②特定の場合において必要とされるものであり，かつ，③均衡を失した又は過度の負担を課さないものをいう」と示されている（番号と下線は後段の説明のため筆者が追加）。

これらを大学に当てはめて説明すると，①大学は障害のある学生がいたら，それに必要な変更や調整をしなければなりませんよ，ということをいっていて，変更はできません，自分で頑張れ！というのは無しだよ，ということ。②はちゃんと個別のニーズに対応しましょうという意味。診断名とか障害名が同じでも，困ることは人それぞれだし，必要な支援もそれぞれ違う。でも，そういった個別のニーズには応えない，支援をしないとはいわないけど，あらかじめ用意したプランでしか対応しない，と大学が言い出したらどうなるだろうか。支援なんてあってないようなもの，それに適合した人は助かるのだろうけど，それ以外の人はとても困ってしまう。だから，ちゃんと一人ひとりの困り感に対応しますよ，ということが明記されているというわけ。③については，学生が求めれば何でもかんでも希望が通るのか？というとそういう訳ではないということ。コミュニケーションが苦手だから，それをサポートする支援員が必要だから用意して欲しいという希望があったとする。でも，その人の人件費を急に用意しなければならないとなると，大きい大学でもその予算の確保は難しい。３人も４人も必要だというときにそれは無理だということになる。過剰な負担にならない場合ということはそういうことをいう。均衡を失しないとは，ある障害のある学生が参加できないプログラムがあるとして，その学生が参加できないことを理由にあるプログ

ラムを中止して，他の99人の学生がそのプログラムを通じた学びの機会を損なうというようなケースを示している。では③のようなケースと認定された場合，障害のある学生は我慢しなければならないのか，というとそれもそうではない。大学側と学生の側が「建設的な対話」をして，可能な限り学びの機会を損なわないようにすることが求められている。

　大学における合理的配慮については文部科学省が2012年の「障がいのある学生の修学支援に関する検討会（第一次まとめ）」と，2017年の「障害のある学生の修学支援に関する検討会（第二次まとめ）」に示されている。

　（この検討会の「障がい」と「障害」は意図的に書き分けられている。「障害」という文字が惹起するイメージが悪く，特に害の字は使うべきではないという意見が多くなり，「障がい」と表記されることが多くなった。それをいうなら障の字も「さしさわる」というネガティブな意味なのだから，平仮名にすべきだろう。しかし，障害は個人のさまざまな機能制限によって生じているのではなく，社会の側がそういった人々の機能制限に対応できていないことがさまざまな障壁（バリア）を生み，困難な状況に押し込めてしまっている，すなわち，「障害」は個人の問題ではなく社会が生み出しているのだという「障害の社会モデル」という考え方が広まるにつれ，あえて「障害」と表記し，無くす方向で社会を変えていくことが大事なのだ，とされるようになり，改めて「障がい」の表記が「障害」と表記されるようになってきている。この書き分けはこうした世の中の流れの一つの表れでもある。障害者権利条約も，障害者差別解消法もこの「障害の社会モデル」の発想に基づいて制定されている。これについては「障害学」という学問分野でさまざま議論されているので，興味がある方はその分野の書物を一読することをお勧めする）。

6　修学上の合理的配慮を受けて，その後は……

　その後もいろいろ相談に乗ってもらいながら，なんとか進級できました。2年のときは空き時間がなくなり本当にしんどかったけれど，なんとかギリギリ3年になることができました。3年になっても選択科目が残ってしまい

ましたが，でもなんとかなりそうだという見通しを持つことができました。

　でも，そう思った3年の春，また新たな不安がボクに襲いかかってきました。「就職活動説明会」就職？どうしよう。これだけいろいろ配慮してもらっているからなんとか過ごせている状態なのに，就職なんてそもそもできるのだろうか……。ミチガミさんにまた相談してみなければ。

●「ワタシの生きづらさ」へのワンポイントアドバイス

　発達障害のある学生にとって就職活動も大きな課題の一つだ。手帳を取得すべきか否か，障害者就労を目指すべきなのか，一般就労でいいのか。大学にもいろんな支援プログラムが増えてきているし，就労移行支援事業所をはじめとした支援機関がいろんなサービスを始めている。それらを選び，使い，支援してもらいながら進むのは，これもまた大変である。今回は修学支援がテーマなので，就職支援に関してはまた別の機会に。

　でも，一ついえるのは，難しいことがあったら相談してみる勇気を持つこと。何でも自分でやろうとせずに，人を頼ってみること。そこで気づけた苦手さと向き合って，解決する方法を探ってみること。一人で頑張る必要はない。いろんなサービスも増えてきている。何でも自力で，何でも自己責任で解決する必要はない。「孤立すること」が一番良くなく，生きづらさの多重債務をより複雑なものにしてしまう。みんなと相談して，時には頼って，自分の夢や希望に一歩でも近づいてほしい。

〈参考文献〉

福田真也（2016）「受診と診断をどう考えるか」高橋知音編著『発達障害のある大学生への支援』〈ハンディシリーズ発達障害支援・特別支援教育ナビ〉金子書房。

高橋知音著（2012）『発達障害のある大学生のキャンパスライフサポートブック』〈学研のヒューマンケアブックス〉Gakken。

佐々木正美・梅永雄二監修（2010）『大学生の発達障害』講談社。

独立行政法人日本学生支援機構（2015）『教職員のための障害学生修学支援ガイド（平成26年度改訂版）』。

川島聡ほか（2016）『合理的配慮——対話を開く，対話が拓く』有斐閣。

生きづらさインデックス
『私は病気？』がつらい自分の生きづらさ

7

集中できないのは病気だから？

…… 「精神医学」からの処方箋

今井必生

❏ 精神的な病気じゃないか心配な 20 歳のユウさん（仮名）

　大学生になってしばらく経ちました。周りのみんなはそれぞれ熱中して何かやっているみたいだけれど，私はみんなほど楽しめることがなくて，一応なんとなく楽しそうにはしているけれど，なんかむなしい。結構悩んで，落ち込んで，ネットで調べて見るとうつ病みたいな感じがする。そこにいろいろほかの病気の説明もあって，忘れっぽいとか集中力ないとか，空気読めないとかそんな症状も書いてある。ADHD とか発達障害とか，もしかしてそれかも。振り返ると，あのとき，空気読めないこといっちゃったし。テストも今一つ集中できないし。病気なんじゃないかな。病院行ったほうがいいかな。

1　病気か病気じゃないか

　集中力がないとか，今の状態をインターネットで検索してみると，精神科の病気がいろいろと出てくると思います。病気の特徴を読んでみると，「あ，これある」など自分に当てはまるものも見つかるかもしれません。なかには症状をチェックしていくと "○○の可能性があります。病院を受診しましょう。" など病気の可能性まで教えてくれるサイトも見つかります。気になったら精神科や心療内科（精神科医が心療内科としてクリニックを開いていることが多いです）に受診することをお勧めするのが医療者としては正しいア

119

ドバイスだと思います。ただ，病院を受診すると，あとはベルトコンベアーに乗せられたように，自分の意思とは関係なく診察が進んでいき，会計をして近くの薬局で薬を待つ，というようなことになるかもしれません。

　精神科では他の科よりもいろいろと細かなことを聞かれるでしょう。あなたもこれまでのことをいろいろ話すことができるかもしれません。良心的な医者であれば，見立てや治療の説明，選択肢をしっかり説明してくれて，あなたの希望を聞いてくれるかもしれません。しかしそれでも，薬の名前を聞いてもどんな薬で頭の中でどんなふうに効くのか専門家ほどわかりませんし，カウンセリングを紹介されても，何をするのかはっきりとはわからないでしょう。あなたは車の助手席に乗ってはいますが，運転手が矢継ぎ早にこっち行きましょうか，あっち行きましょうかと車を走らせて，あれよあれよと車が進んでいくような状況ともいえましょう。精神科医は病気の診断と治療のプロで，あなたはそれほど詳しい知識を持っていないのですから，こうなってしまうのも仕方ないといえば仕方ありません。

　しかし，精神科や心療内科を受診しようがしまいが，何かにあなたが乗せられて進んでいくよりも，あなたがゆっくり考えながら車を運転して進んでいくほうが安心感があるでしょう。そこまでいかなくても，助手席に乗りながらも，あなたがブレーキをかけて，その都度考えながら進んでいくほうが不安が少ないのではないでしょうか。

　この章では，心の病気かも，と思ったときに少しでもあなたのペースを取り戻すためのヒントをご紹介します。

2　心の病気とは何なのでしょう？

　先ほども書いたように，インターネットを見ると，○○病ならこんな症状があるという記事がたくさん見つかります。心の病気は，そういった症状に基づいて診断されます。代表的な診断基準にはアメリカ精神医学会が作成した精神障害の診断と統計マニュアル（Diagnostic and Statistical Manual of Mental Disorders：DSM）やWHOが作成した国際疾患分類（International Classification of Diseases：ICD）というものがあります。基本的に診断はこれらの診断基準に基づいて下されるわけなので，症状を聞いて当てはめれば病気かどうかわかるように思えます。しかし，そこまで単純ではありません。

それを，三つの視点から見ていこうと思います。第一は，「今の診断基準」と「今までの診断」，つまり時間軸にそって診断というものを見ていきます。第二は，地域・文化による違いという空間軸にそって見ていきます。第三は個人の体験という視点から見ていこうと思います。

3 「今の診断基準」と「今までの診断」

ここでは，今の診断基準，今までの診断基準の複雑さを紹介して，なぜ診断基準が変化しているのか，ということを考えてみたいと思います。

3.1 今の診断基準

診断基準のうち DSM はインターネットでもよく紹介されています。DSM は症状を数えて診断するという方法を取っているので，一見簡単そうに見えるからでしょう。たとえば，うつ病の診断基準を見てみましょう（以下，『DSM-5 精神疾患の分類と診断の手引』医学書院より抜粋）。

> A. 以下の症状のうち 5 つ（またはそれ以上）が同じ 2 週間の間に存在し，病前の機能からの変化を起こしている。これらの症状のうちすくなくとも 1 つは（1）抑うつ気分，または（2）興味または喜びの喪失である。
> 注：明らかに他の医学的疾患に起因する症状は含まない。
> （1）その人自身の言葉（例：悲しみ，空虚感，または絶望を感じる）か，他者の観察（例：涙を流しているように見える）によって示される，ほとんど一日中，ほとんど毎日の抑うつ気分
> 注：子どもや青年では易怒的な気分もありうる。
> （2）ほとんど一日中，ほとんど毎日の，すべて，またはほとんどすべての活動における興味または喜びの著しい減退（その人の説明，または他者の観察によって示される）
> ［……］
> B. その症状は，臨床的に意味のある苦痛，または社会的，職業的，または他の重要な領域における機能の障害を引き起こしている。
> C. そのエピソードは物質の生理学的作用，または他の医学的疾患によるものではない。

7　集中できないのは病気だから？　　121

注：A〜Cにより抑うつエピソードが構成される

注：重大な喪失（例：親しい者との死別，経済的破綻，災害による損失，重篤な医学的疾患・障害）への反応は，基準Aに記載したような強い悲しみ，喪失の反芻，不眠，食欲不振，体重減少を含むことがあり，抑うつエピソードに類似している場合がある。これらの症状は，喪失に際し生じることは理解可能で，適切なものであるかもしれないが，重大な喪失に対する正常の反応に加えて，抑うつエピソードの存在も入念に検討すべきである。その決定には，喪失についてどのように苦痛を表現するかという点に関して，各個人の生活史や文化的規範に基づいて，臨床的な判断を実行することが不可欠である。

D. 抑うつエピソードは，統合失調感情障害，統合失調症，統合失調症様障害，妄想性障害，または他の特定および特定不能の統合失調症スペクトラム障害および他の精神病性障害群によってはうまく説明されない。

E. 躁病エピソード，または軽躁病エピソードが存在したことがない。

注：躁病様または軽躁病エピソードのすべてが物質誘発性のものである場合，または他の医学的疾患の生理学的作用に起因するものである場合は，この除外は適応されない。

［……］

▶特定せよ

不安性の苦痛を伴う

混合性の特徴を伴う

メランコリアの特徴を伴う

非定型の特徴を伴う

気分に一致する精神病性の特徴を伴う

気分に一致しない精神病性の特徴を伴う

緊張病を伴う

周産期発症

季節性

［……］

軽く見てみると，気分が落ち込んでいたり，物事に興味を失っていたり等々すると，うつ病に見えてくるかもしれません。しかし細かく見てみれば，「2

週間の間」,「一日中ほとんど毎日」症状がなければならないとか, 重大な喪失の場合で似たような症状が出ているときには,「正常な反応なのか個人の生活史や文化規範に基づいて判断しなければならない」など, 微妙な判断を求められることがわかります。

　月曜日は落ち込んでいたけれど, 日曜日はどうだったか, とか, 夜は元気だったけれど, 朝は落ち込んでいたとか, 嫌な出来事があった日だけ落ち込んでいたけれど, それ以外は大丈夫とか, 落ち込んでいても生活はできているのかなど, 聞かないとわからないことも多いです。場合によっては本人だけではなくて, 家族からの話も参考にしなければわからないこともありますし, 判断するときには, 精神科医の背景も影響するかもしれません。

　また, 単にうつ病といっても, 季節性があるとか, 妊娠中や産後になったものなど, 特徴によって分類もされます。

　このように単純な症状の数え上げといっても, 症状の性質や, それを異常なものと判断するかという点は, 細かな情報が必要になるし, 場合によっては診断する医師の背景が影響することもあります。そのため, 違う病院にかかったら違うことをいわれたとか, 違う病名をいわれたということもよくあります。

　そのうえで複数ある治療のなかから, それぞれの特徴や現在のその人が使える人や物や機会を考慮して, 治療を選んでいくのです。

　このように説明すると, 細かいことを覚えていないと正確な診断はできないと思われるかもしれません。これはある部分正しく, ある部分正しくありません。

　というのも, この診断は「今の診断基準」に基づいた診断だからです。たとえば, 精神科医はうつ病というものは存在すると思っていますが, 血液検査のようなもので客観的に診断する方法はまだ見つかっておらず,「今の診断基準」が本当に正しいのかまだ誰もわからないのです。

　DSM-5 には次のような説明があります。

　　ある診断基準を正しいと判断するには裏づけが必要です。それには, 過去の裏づけ（遺伝的な証拠, 家族内の特徴, 気質, 環境要因）や現在の裏づけ（神経の特徴, 生物的な検査, 情動や考え方の様子, 同じような症状）, 未来の裏づけ（同じような経過をたどるとか治療への反応が似て

いる）というものがあります。しかし DSM-5 の段階では次のことがわかっています。つまり，ある精神障害とある精神障害をはっきりと区別できる裏づけがあるとは今のところいえないということです。(今井訳)

　また，次のような説明もあります。

　　診療をしていると，診断基準を完全には満たさないものの，明らかに治療やケアが必要な人と出会うことがあるでしょう。診断基準をすべて満たさないからといって，治療やケアをしなくてよいとするべきではありません。(今井訳)

　つまり，現在の診断にもいろいろと考えなければならない点があるのです。ある病気と診断しても，厳密には，その病気が本当に存在するといえるのかまだわかっていません。逆に診断基準を満たさないからといって治療やケアをしなくてよいかというと，例外もありそうです。診断基準自体も文化背景で判断が異なる場合もあります。「病気」と「病気ではない」の境は複雑なのです。
　では，今までの診断基準はどうだったのでしょうか？

3.2　今までの診断基準
　精神障害がいつ頃から認識されていたかをたどっていくと，すでにギリシア時代のヒポクラテスは，当時の体液説に基づいて精神症状を分類していました。体液説とは四つの体液，すなわち血液，粘液，黄胆汁，黒胆汁のバランスが崩れると病気になるという考え方です。たとえば，憂うつな状態になるメランコリア（現在のうつ病に近い状態）は黒胆汁が多すぎることが原因とされていました。現在の DSM のように症状を数え上げて診断するという方法ではありませんでした。
　その後もしばらくは，数え上げ診断は出現せず，障害の定義や原因論をさまざまな人がそれぞれに提唱するという時代が続いていました。うつ病についていえば，depression（うつ病）という言葉が出てくるのが 18 世紀頃で，生気のない心理状態に対して名づけられました。
　このような流れのなか 1973 年，英国と米国でどのくらい医師の診断が一

致するかという研究が行われました。8人の患者さんのビデオテープを，英国では最大200名の精神科医が，米国では合計450人が見て診断しました。その結果，ある一人の患者については，米国では85％の精神科医が統合失調症と診断しましたが，英国では統合失調症と診断した精神科医が7％しかいませんでした。おおむね一致した診断の患者さんもありましたが，症例によっては大きく不一致した診断の患者さんもありました。

　こうなると診断の信頼性が問われることになります。そこで，1978年研究診断基準というものが作られます。そのもとになったものがフェイナークライテリアという診断基準で，これが症状を数え上げるという診断基準のさきがけとなっています。その後，研究診断基準を踏襲してDSM-Ⅲ（DSMの第3版）が作られ，現在の第5版まで続いているのです。

　しかし，このフェイナークライテリアの作成がベストだったかというと，どうでしょうか。こんな話があります。

　　　フェイナークライテリアに興味を持ったデニスさんがフェイナーさんに
　　　電話をかけました。すると，フェイナーさんはカシディーさんの研究を
　　　参考にして作成したとのこと。［……］デニスさんはフロリダで引退生
　　　活をしているカシディーさんの居場所を突き止めました。「10個の診断
　　　基準のうち6個を満たしたら診断できるとどうやって決めたのです
　　　か？」と質問すると，「正しそうだから（It sounded right）」とカシ
　　　ディーさんは答えました。(Kendler 2010；今井訳)

　つまり，何らかの研究に基づいた診断基準というよりは，臨床経験から作られた診断基準だったのです。これは客観性を欠くように思いますが，これまでの診断基準も観察と経験からまとめられたものでしたし，それを正しいと判定する尺度がないので，仕方がありません。

　では，今，精神科医がいっていることや，診断基準は全然あてにならないといってよいでしょうか？　それもまたいい過ぎです。

　現在行われている研究は，多くはこのDSMやICDという基準に基づいて進められていて，ある診断基準に該当する人には，ある治療が効果的であるということが厳密な研究で証明されています。

　たとえば，薬の治療の効果を検討する研究では，誰にも見た目の区別がつ

7　集中できないのは病気だから？　　125

かない偽薬と本当の薬を用意します。治療の研究に参加する人はランダムにどちらかに振り分けられて、どちらの治療を受けているかわからない状態にします。治療の効果があったかどうかは、あらかじめ決められた尺度で判定して、場合によってはその判定も治療に関わらない人が行います。つまり、薬の効果を意図的に出させるように治療者や患者がコントロールすることがほとんど無理なように、厳密に研究が進められます。

　以上のように、しっかりした研究で現在の診断基準で「○○病と診断される人には、□□という薬が効果がある」ということが証明されているものが多くあります。これを考えると、診断基準が作成されてきた経緯はさておき、実際に役に立っているということも事実です。

　でもやはり、診断基準が時代によって変化しているというのも事実です。

　余談になりますが、よく健康食品で、○○を飲んだら良くなりましたという宣伝がありますが、このような宣伝にはかなり人の意図が入る余地があります。飲まないでも良くなる可能性が否定できませんし（比較対象がない）、治療者も服用者もその健康食品を使ったということがわかっているので、結果を意図的に変えやすくなってしまったり、無意識にその情報に影響されてしまったりする可能性があります。

3.3　診断基準は絶対ではない、でも役に立つというバランス

　ノスタルジーという言葉は日常でもよく使われます。感傷的な意味合いで使われると思いますが、かつては死に至る病として使われていた言葉です。

　1688 年にホッファーという人が、幼少期や青年期を過ごした土地や環境を離れたときに精神的に破綻する状態としてノスタルジーという状態を定義しました。18 世紀、19 世紀のフランス革命やナポレオンの時代には、移民や兵士の間でノスタルジーの病の報告が増加しました。しかし 20 世紀に入ると、病気としての報告はなくなっていき、今や一般的な郷愁として使われています。かつてホッファーが記述した状態は、当時の社会背景（戦争による徴兵や移民）に影響されて増加していったという説明もあるし、精神医学の診断の変化によって、うつ病という言葉に置き換えられていったという説明もあります。

　他の例では、アスペルガー症候群という言葉を聞いたことがある方もいるかもしれませんが、この症候群は 1944 年にアスペルガーさんという医師が

記録した4人の記録から始まっています。知能は正常なのに，非言語的コミュニケーションがうまくできず，人と交わることが苦手で，共感力が乏しく，運動も苦手という状態として記録されています。1994年にDSMの第4版に収載されて，自閉症とは別の診断に位置づけられていました。しかし，DSM第5版では自閉症概念が広がり，アスペルガー症候群は自閉症スペクトラム障害というカテゴリーに入れられることになりました。

　ここまで見てきたように，精神科の病名や概念は変遷しているのです。一方で役に立っているということも事実です。ただ，改善の途上ではあるということを覚えておくのは，あなた自身の判断力を保っておくには大事かもしれません。

　自分が病気かどうかという事は，こういった変遷のなかで判断しているのだということを覚えておくとよいでしょう。病気の存在自体が絶対的なものではありません。病気かそうでないか，という点に力を注いで疲れてしまうよりも，病気であることが今の生活にどのように役に立つのか，害を及ぼすのか，病気でないとすれば，それがどのように役に立ち，害を及ぼすかを考えて，それを役立てることが，生きづらさを少し解消することにつながるように思います。

4　地域・文化による違い

　これまでは時間軸にそって，診断基準を見てきました。では，地域による違いはあるのでしょうか？

　クラインマンという人がいます。この人は精神科医でありながら，一方で人類学者でもあり，文化との関連についていろいろと書籍を執筆しています。1960年代，70年代に彼は中国や台湾で調査を行いました。その結果，東アジアでは，うつ病が落ち込みなど心理的な表現をとるのではなくて，体の症状として表現されることが多いということを発見しました。ずいぶん昔の研究なので現在も同じかどうかはわかりませんが，少なくとも地域によって病気の表現＝症状が異なることがありうるということを示したものといえるでしょう。

　ちなみに，このクラインマンは疾患（disease）と病い（illness）という言葉を使い分けています。疾患とは西洋モデルの医学に現象を当てはめるとい

う医療者の解釈の結果で，病いとはそれぞれの患者さんの感じ方，体験，表現の仕方，対処の仕方を指しています。病いは当然個人個人違うわけですし，置かれている社会・文化背景によって異なってもきます。クラインマンは医療を行ううえで，十分患者さんの話に耳を傾け，病いを理解することを重視しなさいとすすめています。つまり，現在の診断基準よりも，個人の体験を重視しなさいということです。異なる文化で研究を重ねてきたクラインマンならではの理論だと思います。

　この理論に関連して，私はチベット，台湾，日本で医療に関わらない人が「うつ病」という状態をどう捉えるかを調査したことがあります。病気にかかっている人の表現が，地域によって異なるように，病気にかかっていない人の病気の捉え方も地域・文化によって違うのではないかということを調査するためです。

　DSM ではうつ病と診断される，次のような架空のストーリーを読んでいただいて，それが病気なのかどうか，何が原因か，どう対処したらよいかなどを質問しました。

> 花子さんは二人の子どもがいる独身女性です。荒れ果てた土地からの収入で生活しており，補助金に頼っています。活力がなくなり，体重が減り，睡眠も十分にとれず，朝に特に調子が悪いと感じています。自信がなく，将来に希望がもてません。子どもがいなかったら，生きていく価値があるのかしら，と思ってしまうことも時々あります。男友達も時々急にやってきますが，子どもの世話をするつもりはありません。

　チベットでは 42 名，台湾では 21 名，日本では 99 名の方に協力していただきました。チベットでは約 80％の人が病気と答えたのですが，「心臓に血がたまったので気分が落ち込んだのだ」という説明をされる方が多くこれがうつ病だと答えた人はいませんでした。一方，台湾でもうつ病と答えた人は 10％程度，日本では 5％ほどでした。

　原因についてたずねると，日本では病気にかかった個人に原因があるという人が多かった一方，台湾やチベットではそのような回答は少数でした。それぞれの地域独特な回答としては，台湾では運命であるという回答，チベットでは前世からの罪という回答がありました。台湾の調査地では，道教を信

じる人が多く超越的な道に運命を委ねる思想が影響したのかもしれません。またチベットでは仏教が盛んで，前世という回答につながったのかもしれません。

このように場所が違うと，どのように病気を捉えるかも変わるということがわかります。

日本の国内でも札幌と大分では性格気質が違うという面白い研究すらあります。

つまり，同じ状態であっても，地域によってそれがどう捉えられるかも異なるし，同じ病気と診断されても，どんな症状が出やすいのかも異なる可能性があるということです。

では，診断や症状が時代や場所によって絶対ではないとすると，何も頼るものがないのでしょうか？

5　個人の体験

診断基準が絶対的なものでないなら，もっと頼りになるものは何でしょうか。人間として基本的に身に備わっているものは信頼できるでしょう。たとえば，食べたり，寝たりすることは生きていくのに不可欠です。これらが極端に乱れているなら心配な状態といえるでしょう。しかし，これらは何が問題でそういう状態になっているかは示してくれません。そんなときは，感情に注目することが役に立ちます。

感情も人間に備わっている基本的なものです。感情を感じにくい人も時にはいますが，それでも，悲しみ，怒り，恐怖・不安，喜びという感情をこれまでに体験したことはあると思います。場合によっては，体の感覚として感情を感じる人もいるかもしれません。胃の痛み，ドキドキ，体が硬くなる等々。

感情はあなたへのメッセージでもあります。悲しみは何かを失ったときに感じやすい感情です。人を休ませてくれる機能もあります。怒りは，物事が自分の思い通りにならないときに感じる感情ですが，一方で物事を押し通す力にもなることがあります。恐怖や不安は危険が迫っていることを伝えてくれる感情ですが，この感情があることによって，間近の危険を避けることができたり，将来に向けて準備したりすることができます。

7　集中できないのは病気だから？　　129

『私は病気？』がつらい自分の生きづらさ

　自分が今感じているモヤモヤがどんな感情に近いのか観察してみてください。そのうえで，感情の働きを見てみると，今自分が何を考えてそういう感情を持っているかが見やすくなります。その考えが行き過ぎたものなのか，誰もが納得するものなのか，一人で悩むのではなく，他の人にも聞いてみるとよいでしょう。同じ人にばかり聞いているときは，別の人に聞いて見たりするのもよいでしょう。時間を変えて再度考えてみたり，場所を変えて考えてみてもよいかもしれません。その過程で，あなたの悩みに解決の選択肢が見えてくる場合もあります。

　病気か病気ではないか，という問題はこれまで述べてきたように，簡単に答えられる質問ではありません。しかし，それに一方的に振り回されるのもつらいように思います。なぜそのような疑問を持っているのか，何を考えてそういう気持ちになっているのか，今の感情を見つめてみるのもよいのではないでしょうか。

○【ワタシの生きづらさ】へのワンポイントアドバイス

　自分は病気かもと思ったときには，病院を受診してみるのもお勧めです。一方で，バランスも意識してみましょう。自分だけで悩んでいるようであれば，人に相談してみるとか，ある人だけに相談しているのなら他の人に相談してみる。人に相談してばかりいるなら，自分で考えてみる。知り合いだけに相談しているなら，知らない人（たとえば医療機関）に相談してみる。自分を責めてばかりいる場合は，環境はどうか考えてみる。環境を責めてばかりいる場合は，自分も見てみる。同じ場所にばかりいるなら，別の場所から見てみる。短期的に見ているなら長期的に考えてみる。過去ばかり見ているなら，現在や未来にも目を向けてみる。未来ばかり見ているときには現在や過去に目を向けてみる。複雑に考えている場合は，単純に考えてみる。単純に考えている場合は，複雑に考えてみる。目から入るものばかりに集中しているなら，聴覚，味覚，触角，嗅覚もそれぞれ何かできないか考えてみる。などなどなど……。

　生きづらさには，とても強いものから弱いものまで，グラデーションがあり，誰しもなにがしかの生きづらさを感じつつ，時に楽しさや心地

130　　Ⅱ. この「気持ち」，どうにかならない？

よさを感じながら生きているのだと思います。バランスということを念頭におきながら，いろいろなやり方を試して，生きづらさのなかにささやかでも心地よさが見つかるとよいですね。

　もし，本を読んで少し勉強してみたいと思ったら，堀越勝『感情の「みかた」』（いきいき株式会社）を読んでみてください。ベテランのカウンセラーが書いた本で，ネガティブと思える感情の意味を示しながら，感情を味方につけてどう付き合っていくかが温かみのある文章で紹介されています。人間関係についてもとてもよいアドバイスが書かれています。

〈引用文献〉

American Psychiatric Association (2013) *Diagnostic and statistical manual of mental disorders,* fifth edition。

日本精神神経学会（2014）『DSM-5　精神疾患の分類と診断の手引』医学書院。

Kendler, K. et al.（2010）"The development of Feighner criteria: A historical perspective," *The American Journal of Psychiatry,* 167: 134-142.

今井必生ほか (2017)「うつ病は台湾，日本でどのように解釈されるか：Semi-structured Explanatory Model Interview を用いた比較研究」『こころと文化』第16巻第2号。

生きづらさインデックス
望まない偏見に陥ってしまう自分の生きづらさ

8

あなたの偏見はどこから？

……「環境分析」からの処方箋

上野ふき

❏ 偏見に陥ってしまう自分がつらい19歳のユウトさん（仮名）

　親からも先生からも「人は皆平等。公正，公平な態度をもちなさい，偏った見方，行動はだめだ。助け合って生きるもの」といわれて育ちました。きっと，ほかの人たちもそう習ったと思うし，それを実行していると思います。僕自身もそのとおりだと考えています。テレビで難民が苦しむニュースや，ジェンダー問題のドキュメンタリーなどを見たら，「どうしてあんな酷いことをするんだろう」とか「早く解決したらいいな」と思います。でも，コンビニで外国人を見かけたり，学歴の違いに気づいたり，友達の親の職業などを聞いて，それが自分の想定外だったとき，なんとなく，相手を下に見るような，優越感を感じるような，変な気分になります。そうなったときは，できるだけ深く考えないようにしています。

　でも，最近親しくなった友達が，「移民の受け入れなんてありえない。犯罪が絶対増えるし，危険だよ。今いる外国人も出ていけばいいのに」といいました。そうは考えてはいけないこと，ましてや口に出すなんてありえないと思っていたことを，友達が言い放つのを見て驚きました。でも，なぜか安心したような，気分がいいような気持ちになった自分がいました。その意見に嫌悪しないということは，自分でもそう思っているのだろうかと考えます。その友達と話すことが増えています。自分が正しいと考えていた道徳・倫理に反しているので，合意はしませんが，

133

反論もしません。論争をしたくありませんし，自分を肯定してくれてい
るようで気持ちが良いと感じることもあります。

　以前はできるだけ考えないようにしていましたが，今ははっきりと自
分のどこかに偏見があることがわかります。それに気づいたとき，心の
中で偏見の感覚がわき起こる自分がショックで，とても複雑な気持ちに
なりました。中学校の頃は，いじめられている子を見るのが嫌で，いじ
めている人に少し注意したりしていたのですが，ただ正義感に溢れてい
る自分が好きだっただけなのかもしれないと，恥ずかしい気もしてきま
した。自分としては良い人でいたいけど，なんとなくその友達に惹かれ
たりもするし。もし，良い人ぶっている自分がただ表面的な自分ならば，
もっと自分らしく生きたほうがいいのかなど，今後，どう行動したらよ
いかよくわかりません。

1　はじめに：何を望むのか？

　ユウトさん，あなたはどんな未来を望みますか？　一見，あなたの悩みと
関係がないように思うかもしれませんが，その悩みを本当に根底から解決す
るために，今後の私たち人類にとって最も重要なこと，「何を望むのか」と
いう話から始めたいと思います。

　まず，そもそもヒトとは何なのかといいますと，その90％以上が酸素
（O_2），炭素（C）水素（H_2），窒素（N）という，地球上で最も豊富で安価
な元素でできています[*1]。組成としては他の生物とほとんど違いはありません。
また，ヒトの遺伝子の数も2万数千個程度でしかないといわれています[*2]。そ
れは想定されていた数の4分の1程度で，ネズミとほとんど変わらないうえ
に，トウモロコシより少ないという結果でした。脳研究者の池谷祐二は，ヒ
トが他の生物と違うかもしれない最後の砦として，ニューロンの数があると
いいます（池谷 2013）。現在，脳の神経回路地図を作ることを試みるヒト・
コネクトームというプロジェクトが進行しています。これが完成すれば，ヒ
トのニューロンの数（もちろんそれだけではありませんが）がわかり，他の
動物との差を見出すことができるかもしれません。また何の差も出てこない
可能性もあります。ここで何がいいたいかというと，よくいわれることです

が，人は全く特別ではないということです。

　しかし，私たちは自分たちのことをホモ・サピエンス（賢い人間）と名づけました。そして確かに私たちは，明らかに他の生物とは違う生活をしています。『ビッグヒストリー』（クリスチャン他 2016：106）という教科書では，新たな行動形態や環境に対し新しい対処方法を創造する能力がヒトを独特なものにしていると紹介されています。そして，その源は，「考え」をうまく共有し，それをコレクティブ・メモリーとして蓄積させることができる「言語の特異的な効率性」なのです。

　歴史学者のユヴァル・ノア・ハラリは，そのようなヒトの特別性を「虚構を創作する能力」（ハラリ 2016：52）などと表現しています。確かに，ヒエラルキーも，貨幣も，宗教も，すべてヒトが在ると「信じる」からこそ存在し，機能するものです。本当は存在しないものでも，ヒトの間でその共有信念が存続する限り社会のなかで力を振るい続けます。このヒトのコレクティブ・メモリー蓄積能力は，良いことに働くこともあれば，悪いことに働くこともあることを私たちは知っているはずです。

　さらに，ヒトがますます他と違ってきているのは，他の生物，環境に及ぼす影響の大きさです。使うか使われるかという問題を「利己的な遺伝子[*3]」の観点から見ると，人間は小麦に使われたんだという説（ハラリ 2016）もありますが，人口の増加傾向を見ると，ヒトの遺伝子にとって最適な環境が作られているようです。特に農業・牧畜を始めて以降，もちろんそれ以前から始まってはいますが，基本的には人間の活動が地球の生態系にもっとも大きな影響を与えています。ここで重要なことは，影響を与えてきたことを認識するだけでなく，私たちが「科学の誕生と発展」によって，さまざまなものをコントロールできる時代に入ってしまったということに気づくことです。

　地球科学者の熊澤峰夫は「40億年にわたる地球と生命と環境の進化の中にあって，私たち人類は最大の事件を引き起こしていることを明確に意識する必要がある。ヒトが科学を始めたことは，地球史上，いや宇宙史上の大事件だ。近いうちにヒトは自分自身の意志と判断で，社会の有様から生命の創造や絶滅まで，すべてを自己責任で決定しなければならなくなるだろう」（熊澤ほか 2002：520）と述べています。

　確かに，科学技術の発展によって，もうすぐ大きな革命が来ると考えられています。そもそも，ホモ・サピエンスがチンパンジーから分かれたのは

800〜500万年前ぐらいからといわれていますが、記号言語による情報共有・交換（コレクティブ・ラーニング）の開始、つまりヒトが明らかに他と違う活動をするようになった認知（文化）革命は20万年から5万年前の間に起きたとされています。その次の大きな変化は、約1万年前に起きた農業革命で、その次に私たちを劇的に変えたのは、約500年前の近代科学革命でしょう。次に起きる革命はそれらに継ぐ大きな革命に相当する可能性があります。そこではヒトは機械と融合し生物としての定義が変わると考えられています（熊澤ほか 2002, カーツワイル 2007, ハラリ 2016）。「新しい認識ツールとしての科学」はそれほどまでに強力なのです。ハラリはこの現状に対して、以下のように懸念しています。

> 21世紀にはいって、ホモサピエンスは新しい局面に入ろうとしている。ホモサピエンスは、物理的力、化学反応、自然選択の法則を打ち破り、知的設計の法則を適用しようとしている。[……] もし、本当にサピエンスの歴史に幕が下りようとしているのだとしたら、その終末期の一世代に属する私たちは、最後にもう一つだけ疑問に答えるために時間を割くべきだろう。その疑問とは、私たちは何になりたいか、だ。（ハラリ 2016：262f.）

レイ・カーツワイルはこれをシンギュラリティと呼んで、2045年にその状態に至るといいますが、そのような革命はある日突然来るわけではありません。徐々に変化し、いつの間にか変わってしまうものです。今はちょうど変わりつつある変化の途中にいると思います。実際に遺伝的病気を排除した赤ちゃんが生まれていますし[*4]、中国では、CRISPR-Cas9[*5] という遺伝子編集技術をヒトの受精卵に使った実験も行いました。さらに、その技術を使って肺がんの治療も行っています[*6]。また、ゲノム解析サービスも充実してきています。家でチラシを受け取った方も多いのではないでしょうか。私もいつか、自分の全ゲノムの解析を行ってみたいと思っています。

　このような時代のなかで、熊澤もハラリも今後、ヒトが直面する主な問題は、ヒトがどのような生命体でありたいかをヒト自身が決めることができる段階になることである（すでに直面している）と主張しています。この主張を真剣に受け止めたとして、ここで疑問がわきます。こんな大きな問題を

いったい誰が決めるのか，です。答えはありきたりで申し訳ないですが，現代では個人一人ひとり，それ以外にありません。ただし，グローバル化と民主主義のおかげで，個人のレベルではなく，社会，世界のレベルで意思決定していくことが避けられないのが現状ですし，ヒトが社会を作り上げる特徴はコレクティブ・メモリーの蓄積ですので，集団の平均以上が決める必要があるでしょう。しかし，ここでまた，どうやって決めるのか，という大きな疑問がわくでしょう。納得しないまま無理やり決められてもそれに従うのはいやなものです。決めてくれる神様がいるわけでもありませんので，私たちは自分たちで決めるしかないわけです。

　ヒトの定義という大きな問題でなくても，人口過密，食糧・資源問題，温暖化問題，経済格差，難民の受け入れなど迅速な対処が必要な問題は山積しています。これらは論理的意思決定にはほど遠いのが現状です。地質学者の丸山茂徳は，資源に限りがあるなかで，人口が減少に転じる 2050 年までが人類の最大の危機であり，それを大規模な戦争なしに持ちこたえられるかどうかが，大きな問題である。場合によっては人類の絶滅も有り得ると訴えています（丸山 2016）。

　もちろん，やらない，知らない，考えないで自然に任せるという選択肢もあると思います。どんなに頑張っても変わらない可能性もありますし。そういう選択もありますが，努力してみると変わる可能性もあります。たとえばヒトは，人道主義，民主主義，社会主義，資本主義，共産主義など，新しい概念をつくり，それが広がって新しいシステムに移行してきました。歴史的に見れば，十分望み通りに変えられるはずではあるのです。

2　意思決定の方法

　では，いったい，私たちヒト集団はどうやって意思決定をしているのでしょうか。何を正しいと思い，何を間違っていると思い，何を頼りに自分の意見を決めているのでしょう。人類史を鑑みると，次のような方法が発生してきたと思います。神や超越的存在を設定して，その神託やおつげに従う——今でも続いているものもあるでしょう。君主やリーダーの意志に従う——帝国主義，独裁国家はこの方式をとっていますが，リーダーの素質に左右されます。ほかにも，習慣やマジョリティの意見に従う，個々人の意思に

従うなどがあります。現在，世界でもっとも多く採用されている集団の意思決定方法は，個人の意思を尊重した民主主義です。現時点ではこの意思決定方法がもっとも平和的で望ましいように見えますが，近年では多くの問題点が指摘され始めています。個人の意思は社会や集団の空気，常識，心情，非論理に大きく影響されてしまうからです。

「あらゆる議論は最後には「空気」できめられる」——山本七平の『「空気」の研究』のなかに出てくる有名な言葉です。第3章でも詳しく述べていますが，軍事の専門家集団が，沈むとわかっていて戦艦大和を出撃させたのは，そうせざるをえない空気があったからだといいます（第3章吉岡論文「「空気」には逆らえない？——「法哲学」からの処方箋」の38頁以降も参考にしてください）。空気はデータに基づく論理的結果を凌駕しているのです。

高度に科学技術が発展しているにもかかわらず，ヒト集団の心情，言葉として表出されていないものに対する対処はほとんど行われていないように見えます。ヒトの行動や判断は，明確な理由がない「なんとなく」で決まることが多いものです。たとえば，いじめ，差別，暴力，戦争などの問題の多くはヒト集団の心情が引き起こしているといっても過言ではありません。いまだヒトは隣人の一言に悩んでいますし，恨み辛み妬み復讐は延々と次世代へと受け継がれています。この現状を多くの人は経験的に知っていて，重要な課題であるにもかかわらず，私たち研究者はあまりに注意を払ってきませんでした。「対処する」ための体系的で科学的な研究がおろそかになっているのです。

心情での意思決定について，その実態，形成，変遷，社会的機能を知る必要があるし，どうすればより良いシステムができるか考える必要があります。確かに，ヒトの暴力性は，暴力を抑制するシステム（経済や人道主義など）が発展したおかげで減少しており，現代は人類史上もっとも平和な時代だといわれています[7]。精神に対する暴力も減りつつありますが，私たちはまだ，いじめすら根絶できていません。私はその心情の実態と形成を遺伝子の段階から教育・政策まで踏まえて明らかにし，外圧でない制御システムを，責任をもってつくることが研究者の役割だろうと思います。

3 「観」の形成過程

　心情についてもう少し詳しく見ておきたいと思います。心情とは心の中に
わき上がってくる言葉にならない思いや感情のことですが，これがどこから
来るかというと，いつの間にか持っている価値観，人生観，世界観などの
「観」つまり，見方やセンスから来ると考えられます。特に価値観（精神
的・物質的に充足を感じさせる程度のこと）は日常生活の行動を大きく左右
します。たとえば，気になる人と価値観が合えば一緒にいるだけで楽しいも
のです。話すだけで「自分もそう思ってた！」と喜びの感情が湧き上がり，
安心感が広がったりします。価値観が一致しなければ，宗教の対立と同じぐ
らいに違う意見を納得して受け入れるのは難しいものです。もし自分が大切
だと思っているものを否定されると，悲しいような悔しいようなもやもやと
した気持ちになるでしょう。たいていの場合，価値観の違う相手を理解する
ことを放棄し，気の合う人で集まり，そのなかでやり過ごしていきます。

　私は，その「観」のほとんどが環境（自然環境，生命・生態環境，社会環
境）に培われていると考えています。私たちが，これが自分の価値観だと
思っていることも，その人の周りの人びと（親，親戚，友達，先生，仕事仲
間）の価値観がいつの間にかすり込まれている可能性が高いのです。高いと
いうより，遺伝子と環境，それ以外ほかにありません。

3.1　自然環境：地理・気候による影響

　「観」が影響を受けるものとして，真っ先に思い浮かぶのは家族など人間
からの影響かと思いますが，可能な限り根源的なものの影響から見ていきた
いと思います。それは地理や気候，温度・湿度の高低，紫外線量，自然災害
といった風土が与える影響です。遺伝子も環境に適応しながら進化しますの
で，これらの自然環境の違いに合わせて，肌の色，目の色，骨格などの生態
的違いも生じました。人びとはそれぞれの風土に合わせて，文化を築いてい
るので，当然ながら思考傾向や行動・判断に影響を及ぼします。

　進化生物学者のジャレド・ダイヤモンドは『銃・病原菌・鉄』のなかで，
「人類の長い歴史が大陸ごと異なるのは，それぞれの大陸に移住した人々が
生まれつき異なっていたからでなく，それぞれの大陸ごとに環境が異なって

いたからである」と述べています。この名著作は，ヒトに差があるのではなく，環境が差異を作り上げたのだということを膨大なエビデンスをもって人びとに強く訴えました。[*8]

　地形による文明の形成と同じように，個人の短い人生のなかでも，「観」は自然環境の違いによって異なってきます。たとえば，田舎で育つか都会で育つかでは，全く違う価値観を持つようになるでしょう。台風の多い地域で育った人は風や雨に対して，寒い地域で生まれた人は寒さや雪に対して，どこで何が危険かを直感的に知っていたりします。この直感というものは歩き方や自転車の乗り方など身体の動きを記憶する大脳基底核から生じているため，経験を積めば積むほど直感が働くようになるといわれています（池谷2013）。この機能から考えると，ヒトはその土地に長く住めば住むほど，その環境に適応した状態が形成されると考えられます。

3.2　生命／生態環境：胎内という環境

　次に，生物学的レベルから考えてみたいと思います。まず，私たちの「観」は遺伝子に規定されます。個体の遺伝子は受精した段階で決まり，それはもっとも基本的な生理的・身体的特徴，生物学的性別，身長，目の色素，脳構造，神経伝達物質のバランスなどを決定します。次に，受精卵の核の成長変化は細胞質という環境の影響を受け，その環境との相互作用に制約されます。細胞質を環境に分類しても良いのかという疑問もあるかもしれませんが，ミトコンドリア病の治療のための卵子の核移植が，すでに3例以上出てきていることから，この治療法は定着するのではないかと考えられますし，環境だといっても差し支えないでしょう。

　その次は胎内という環境です。胎児は胎内にいる間に母胎の健康状態や外部の音などから影響を受けます。健康状態の方は深刻な事態を引き起こす可能性が高いので，当然日本では母性看護のための保健指導がされています。妊娠中のアルコールやタバコの摂取は流産，死産，先天異常を引き起こしますし，また，妊娠中に母体が栄養失調になった場合，奇形や低出生体重児になります。たとえ健康そうに生まれたとしても，そのような赤ちゃんは後に心臓病や糖尿病になりやすい傾向があるようです。大人になってからどれだけ油を摂取したかではなくて，生まれたときの体重に影響されてしまうのです。その理由は，胎内で栄養不足となった赤ちゃんは，食糧が貧しい状態で

一生を送ることを「想定」しており，カロリーをたくわえ代謝が少なくなっているため，飽食の時代のなかでよく食べて育つと，想定以上に心臓に負担をかけてしまうからです（リドレー 2014）。ちなみに，日本では戦後の 1945 〜 1946 年に深刻な食糧危機に陥っていますので，このときに胎児だった人は，狭心症，心筋梗塞，不整脈などの病気にかかる可能性が高いかもしれません。

　また，赤ちゃんの泣き声についての研究から，生まれたその瞬間から，その生まれた国の言語のイントネーションで泣いていることがわかりました。それによって，胎内にいるときから外部の音が聞こえ，学習が行われているのだろうと予想されています（Mampe et al. 2009）。ほかにも，胎内の環境が赤ちゃんの脳の発達，認知機能に与える影響の研究も進んでいます。妊娠中にウィルスなどに感染すれば，知的障害や発達障害をもたらすことはすでにわかっていますが，それだけでなく，母体のストレスなどといった状態が胎児に及ぼす影響など，原因の特定が難しい範囲も対象になっています。今後，胎内環境が生涯にわたって子どもに影響を与えてしまう範囲が明確になってくると思います。

3.3　社会環境：すりこみの始まり[*9]

　最後に，ヒトは生まれた地域社会の人間集団の「観」に適応しながら成長していきます。成長段階にあわせて，臨界期，風俗による影響，教育の段階に分けて述べていきたいと思います。ヒトの「観」，つまり，見方，考え方，感じ方，センスはどこから来るのかを問い始めると，すべて遺伝で決まっているのではないかと考える人もいるかもしれません。

　確かに，双子の研究を行っている心理学，行動遺伝学者の安藤寿康は，人間の能力や性格など，心の働きと行動のあらゆる側面が遺伝子の影響を受けているといいます。また，膨大な文献調査で遺伝と育ちの関係を説明したマット・リドレー（2014）は，「ヒトの性格，40％が遺伝，10％が親，25％が個人の経験，残り 25％は誤差で決まっている，ヒトの知能は遺伝よりも環境の影響を受けやすいが，年齢が上がるとともに遺伝子の影響が高まる，[*10]それに対しＩＱのばらつきに対する遺伝子の寄与は，幼児では 20％だが，少年少女では 40％，大人では 60％に増え，中年を過ぎると 80％にまでなる可能性がある[*11]」と報告しています。さらに価値観に対する調査報告もあります。

信仰心や政治的志向に対する調査で，宗教のように本来「文化的」なものでも遺伝子の影響は無視できないし，「信心深さの程度」までもが遺伝子で決まっているといわれています。また，攻撃性についても遺伝が深く関与しており，遺伝で自分の性質すべてが決まってしまうかのような調査結果が多数あります。

　攻撃的かそうでないかは遺伝で決まってしまうのは確かではありますが，置かれた環境によって犯罪に走る可能性が高くなったり低くなったりするようです。また，マウスの実験から，遺伝子が違っていても母親から受けた経験が生涯にわたって影響を及ぼすこともわかっています。また，ユーモアのセンス，食べ物の好み，社会的・政治的な態度，信仰する宗教などは，遺伝子でなく文化によって受け継がれることは明らかだそうです。ほかにも，脳の発達には臨界期があることも重要なポイントです。臨界期とは，脳の神経回路が生後数か月～数年の間にしか形成されない時期のことです。例として，味覚，視力，嗅覚，聴覚，言語能力，近親相姦を避ける本能[*12]などがあり，その時期を過ぎると，味の変化や奥行き，音感，文法，本能などが育まれません。

　さらに，臨界期だけでなく，脳と環境の相互作用による「観」の発達には興味深いものがあります。それは好みや直感や正しさ，人間らしさです。池谷裕二は，次のような特徴を紹介しています。まず，人が誰かを好きになるときは，長時間接しているほど好きになるという「単純接触現象」があります。近くの人を好きになるのは，当然のことなのです。それと同じように，正しいと思う感覚が生まれるのは，単にどれだけ長くその世界にいたかに依存するといいます。さらには，ある行為を行うときに快感を与える条件づけを行うことによって，脳回路が変化し，その行為を好きになるため，好みに対しては操作が可能だそうです。私たちもパブロフの犬とさほど変わらないのですね。自分が好きなものを思い浮かべて考えてみて下さい。なぜ自分はそれが好きなのか，きっと長時間自分の身の回りにあったものか，それを連想させるものではないでしょうか。

　以前は生まれか育ちかという論争が激しく行われていましたが，現在では，人の成り立ちは遺伝と環境の両方が必要で，遺伝子の発現スイッチのオン・オフを決めるのが環境だという見解に落ち着いています。つまり，たとえヒトがヒト遺伝子を持っていたとしても，相応しい環境がなければ，その遺伝

子はオンになることがなく,「ヒトらしさ」を失うのです。逆に考えれば,私たちの現代社会は,ある人間らしさについて共有する「観」を持っていて,それに合わせて子どもを教育しているといえます。実際に,野生児研究の例から私たち人間は,人工的,社会的環境で教育され育たなければ,自分自身の状態について理解することすらできないことがわかっています。

また,立派な大人になっても,置かれた短期間の環境で変わることはよく知られています。もっとも有名な研究は,アッシュの同調実験(1950年代),ミルグラムの服従実験(1960年代),ジンバルドの監獄実験(1970年代)です。多数派の意見を聞くと,たとえ明らかに間違っていることでも正しいといってしまったり,自分より立場の高い人や権力がある人から命じられたら,たとえそれが人を殺してしまうほどのことであっても,行動に移してしまいます。特にジンバルドの実験,学生に囚人と看守の役を与えそれを演じてもらったところ,実験者の気づかないところで非人道的な行為が始まり,実験を中止したというエピソードは大変センセーショナルなものでした。3人寄れば文殊の知恵とあるように,集団の知は個人知より優れているといわれていますが,ヒトは簡単に集団ヒステリーに陥りますし,知識の共有が進みすぎると全体の知能が低下する事も実験で明らかとなっています(Lorenz et al. 2011)。

以上,「観」の形成に対し,自分では気づかないうちに影響をもたらすと考えられる環境,自然環境,生態環境,社会環境を紹介してきました。その機能を鑑みると,ヒトはいつでもどこからでも影響を受け続ける存在であることがわかります。日常的に周りに溢れているもの,家族,友人,慣習,テレビ,インターネット,宗教などすべてものが影響してきますので,自分が何を学びどのような環境に身を置くかというのは,大変重要になってきます。選択が可能な家庭は,子どもに対する影響を案じて学区を選び,そのためだけに住む場所を決めるということもあるでしょう。私たちは経験的にすり込み環境が存在することを知っているので,「教育」が重要だと考えるのです。

特に日本の学校の場合,授業だけでなく給食の配膳,校内の掃除,運動会,文化祭などを設けており,協力行動や協調性が培われやすい教育環境が整えられています。これが良いか悪いかは一概にはいえませんが,9〜12年間の間毎日行うわけですから,少なくとも私たちの脳は,これが「正しい」とか「良い」とか「好き」だと思い込んでいるでしょうし,このような環境が

「日本人的な行動」を特徴づけていると予測できます。

　ユウトさん，あなたが抱えている悩み「まだ言語化されてない偏見」は，きっとこの過程のどこかで，何かからすり込まれてしまったと考えられます。遺伝的に自分は暴力的なのかもしれないと心配になるかもしれません。しかし，よく考えてみてください。遺伝子自体それは自分なのかと。ご存知のように私たちの遺伝子は父と母の遺伝子が1本ずつ別々に入っているだけです。その1本がどうやってできるかというと，祖父と祖母の遺伝子が半分ずつくっついて，1本になっています。それぞれがランダムに発現しているからこそ，独自性が出ているだけのことです。しかもその発現は環境が決めるのです。そう考えると，自分のなかに暴力的感情がふつふつとわき上がったとしても，自分を責める必要はありません。それは，遺伝と環境のせいであって，あなたのせいではないからです。

4　おわりに：「観」はあなたがつくっている

　「観」は上記で説明してきた要素が複合的に絡み合い，個人と環境が相互作用しながら進化変遷していると考えられます。個人の価値観，世界観，道徳観，倫理観，宗教観などの「観」は環境で培われて，それが個人の心情の枠組みを規定します。次に，その規定された「観」の集合が次世代の人間社会環境を形成するため，集団と個人の心情は連動し共進化[*13]しているのです。そのため，一度生じたその「観」は，たとえそれがヒトにとって最適でなくとも，局所的最適解として適応進化していきます。

　ユウトさん，あなたの価値観は，外部からの影響で培われてものですので，それがどんなに酷いことでも，気に病む必要はありません。しかし，もし「観」の機能を知ってしまったあなたが，差別的価値観を外部に発信する場合，それは周辺の「観」に影響を与えます。意識して止めることができれば負の連鎖は止まりますが，衝動に駆られて行動に起こしてしまえば，それは広がっていきます。さらに，その状態に慣れ親しんでしまったら，そこから抜け出すことも難しくなります。できない人たちが，自然に苦しまずにできるようになるためのシステムを作る必要があると思っていますが，今はまだ，何をどの時点でどのようにすれば良いか，そのポイントがわかっていません。

　しかし，集団の「観」の実態と形成の解明が進めば，制御が可能ではない

かと思います。実際に，私たちは，進展した科学技術のおかげ（せい）で，上で述べてきたようにヒトの「観」のメカニズムを理解しつつあります。自分より知恵が少ない相手に対しては，デザイン，コントロールが可能です。今は何らかの問題に対して，経験的に知っている人が部分的に対処しています。たとえば，いじめが起きたクラスに対し，経験のある先生が対処すれば止めることができます。今は教育現場でも会社でも，個人の力量に頼っているのが現状で，その周辺にいる人だけが運良く能力が伸びたり，犯罪から無縁であったりできます。研究分野としては，行動経済学や経済教育学が取り組んでいますが，しかし，もっと研究が進めば体系的な対処が可能であろうと考えます。

　最初の話題に戻りますが，今，私たちの時代はヒトの定義が変わるほどの大きな変化を迎えています。今後，人類が戦争，差別，暴力を回避しながら生き継いでいけるかどうかは，「観」の制御にかかっているのです。少しSFのようになりますが，人類がそれを成し遂げ，小さないじめもなくなるとき，新しい世界が開かれるのではないでしょうか。繰り返しになりますが，個人の「観」と環境の「観」は共進化しています。もちろんそれと同時に，自分の考えや意見を友人に話したり行動したりしたとき，その環境を作っているのはあなた自身になることを忘れてはいけません。どういう世界を望むのか，それによってあなたの行動は自ずと決定されると思います。

○【ワタシの生きづらさ】へのワンポイントアドバイス
　ユウトさんの偏見がどこで培われたかはわかりませんが，その時点を探してみるというのはどうでしょうか。遺伝的に右派的傾向があったとしても，その遺伝子がオンになるための何らかの環境がなければ，あなたが悩むような状態にはならなかったと思います。次に，あなたがどういう将来を望むのか考えてみて下さい。もし，助け合う社会を望むのであれば，その友達に自分の考えを述べてみると良いと思います。ユウトさんは，友人にとっては影響を与える「環境」です。もしかすると友達が変わる可能性があります。

〈註〉

* 1　地球上に O_2 が大量増加したのは，35億年から29億年前に光合成を行うシアノバクテリアが出現してからのことである。これ以降，生物が能動的に地球の表層環境を変化させるサイクルが始まった（丸山 2016）。

* 2　1990年に開始され2003年に完了した，ヒト・ゲノムの全塩基配列を解析するプロジェクト，ヒト・ゲノム計画によってヒトの遺伝子の数が明らかになった。

* 3　あらゆる個体（生命）は遺伝子の乗り物にすぎず，種にとって利益になるようにプログラムされているという考え方。たとえば，働きバチが女王バチ（自分の姉妹）の子を育てるのは，自分の子どもを育てるより，女王バチの子を育てるほうが遺伝的には有利だから。詳しい計算については「ハミルトン則」を参照のこと。

* 4　細胞核のDNA編集ではなく，細胞質にあるミトコンドリアに問題があるため，核と細胞質を交換するという技術で生まれている。2016年9月のニュース（メキシコ）（https://www.nikkei.com/article/DGXLASDG28H2L_Y6A920C1CR0000/）。2017年1月のニュース（ウクライナ）2例目を実施中（http://www.hazardlab.jp/know/topics/detail/1/8/18755.html）。2016年12月イギリスが許可（https://www.theguardian.com/science/2016/dec/15/three-parent-embryos-regulator-gives-green-light-to-uk-clinics）。

* 5　CRISPR-Cas9（クリスパーキャスナイン）とはゲノムDNA上の特定の箇所を非常に簡単に探し出して切りとる技術。

* 6　「ヒト受精卵に世界初の遺伝子操作－中国チーム，国際的な物議」2015年4月24日（http://jp.wsj.com/articles/SB11702692451560034542404580599460064863010）。「「ゲノム編集」初の人体応用　中国で肺がん患者に」2016年11月16日（https://www.nikkei.com/article/DGXLASGM16H3B_W6A111C1MM0000/）。

* 7　暴力の減少についてはスティーブン・ピンカーの『暴力の人類史』という本に詳しく述べられている。

* 8　その環境のなかでもっとも重要な違いに次の四つを挙げている。①大陸によって異なる動植物種の分布状況，②伝播や拡散の速度を変える大陸の地形，③異なる大陸間での伝播に影響をあたえるもの，④大陸の大きさや総人口のちがい。

* 9　「すり込み（imprinting）」とは生物学の専門用語。卵から孵った雛が最初に見たものを親だと思うような，瞬間的に記憶され，それが長期間持続するという現象のこと。すり込みという言葉には，人が特定の考えを他人に印象づけたり，精神を支配したり，洗脳したりするという意味はないが，ここでは人の考えや感覚，行動様式などが徐々に教え込まれ，馴染んでいくという意味で使用している。

* 10　性格は次の五つだと定義して調査されている。「開放性，誠実さ，外向性，協調性，神経症的傾向」（Genes, Environment, and Personality (1999) TJ Bouchard）。

* 11　M. McGue, et al. (1993) "Behavioral genetics of cognitive ability: A life-span perspective," R. Plomin and G. E. McClearn eds., *Nature, nurture & psychology*, pp. 59-76.

* 12　中国にある婚姻システムと離婚率を調べてわかったこと。

* 13　共進化とは生物学の用語で，2種以上の種がお互いの進化に影響を与え合うこ

とをいう。たとえば，ハミングバード（ハチドリ）の例が有名。この鳥は花の蜜を吸うために細長いくちばしを持っており，花の方は受粉を手伝ってもらっている。お互いにとってより都合の良い形状に進化することによって，食糧の競合相手を避けることができたり，受粉のために必ず来てもらえたりするようになる。

〈参考文献〉

安藤寿康（2012）『遺伝子の不都合な真実—すべての能力は遺伝である』ちくま新書。

池谷裕二（2013）『単純な脳，複雑な「私」』講談社。

カーツワイル，レイ（2007）『ポスト・ヒューマン誕生—コンピューターが人類の知性を超えるとき』井上健監訳，NHK出版。

熊澤峰夫ほか（2002）『全地球史解読』東京大学出版会。

クリスチャン，デヴィッドほか（2016）『ビッグヒストリー　われわれはどこから来て，どこへ行くのか』長沼毅監修，明石書店。

小坂井敏晶（2013）『社会心理学講義—〈閉ざされた社会〉と〈開かれた社会〉』筑摩書房。

ダイヤモンド，ジャレド（2013）『銃・病原菌・鉄』倉骨彰訳，草思社。

ハラリ，ユヴァル・ノア（2016）『サピエンス全史—文明の構造と人類の幸福』柴田裕之訳，河出書房新社。

ピンカー，スティーブン（2015）『暴力の人類史』幾島幸子・塩原通緒訳，青土社。

丸山茂徳編著（2016）『地球史を読み解く』放送大学教育振興会。

宮川剛（2011）『「こころ」は遺伝子でどこまで決まるのか』NHK出版新書。

山本七平（1983）『「空気」の研究』文春文庫。

リドレー，マット（2014）『やわらかな遺伝子』中村桂子・斉藤隆央訳，早川書房。

Lorenz, J., H. Rauhut, F. Schweitzer, D. Helbing, (2011) "How social influence can undermine the wisdom of crowd effect," *Proceedings of the National Academy of Sciences of the United States of America*, 108(20), 9020–9025.

Mampe, B., A.D. Friederici, A. Christophe, K. Wermke (2009) *Newborns' cry melody is shaped by their native language*, Current biology, Elsevier.

おわりに

　昨今，生きづらさという言葉をよく見かけるようになりました。それだけたくさんの方が生きづらさを感じているということだと思います。しかし，この「生きづらさ」は，家庭，雇用・労働，性差，外国人，各種ハラスメントなど，いろんな分野で見られますが，多くの場合，それぞれの分野のなかで議論され，取り扱われています。

　私たち自身も生きづらさを感じるなかで，この生きづらさを根治するためには，分野縦割りで考えるのではなく，領域横断的，分野融合的に捉えることが必要であるとの考えに至り，当時京都大学に在籍していたメンバーを中心に，2014 年に研究グループが立ち上がりました。研究グループでは，「生きづらさ学」を考えるワークショップを通じて，生きづらさの問題構造の整理と，解決のための処方箋のあり方について検討を進めています。ワークショップでは，生きづらさの問題構造を分野横断的に俯瞰して見ることと，実際の問題を扱うことの二層構造で実施することで，多様な生きづらさの問題そのものと，それらに共通する構造の発見・整理を進めています。

　2014 年度のワークショップでは，「生きづらさ学：今を生きる私たちの生き方イノベーション！」と題して，第一部では，それぞれの分野からの生きづらさに関する話題提供「災害研究からみた生きづらさから生きやすさへ」（小山真紀），「ドムカル谷に暮らす高齢者から学んだこと」（坂本龍太），「家族の変化とケア：インド，日本，東南アジア」（押川文子），「苦とどう向き合うか：仏教思想とブータンの国民総幸福政策（GNH）」（熊谷誠慈）を踏まえて，分野横断的な視点を得ることを目指しながら生きづらさについて考えました。第二部では，パパママ研究者編として，育児を担う人たちのこれまでの状況や研究力に関する話題提供「今を生きる私たちの生き方イノベーション」（坂東昌子）をいただき，それを受けて，参加者が自分の生きづらさと生きやすさに向けたアイデアについて議論しました。

　2015 年度のワークショップでは，「生きづらさの見える化を目指して」をテーマとして，「社会のモノサシの作り方〜社会医学と評価学の視点より」（佐分利応貴），「名指されぬ弱者，街に出る。—生きづらさの表出／表現とし

ての SEALDs と在特会にかんする試論」（吉岡剛彦），「生きづらさとは何だろう？：―精神科医の随想」（今井必生）について話題提供をいただき，個人の問題とされがちな生きづらさを見える化するための方法論や見える化の功罪について議論しました。

　2016 年度のワークショップでは，「生きづらさの評価モデルを考える」をテーマとして，前半は「続！パパママ研究者編〜その生きづらさ，専門分野から見てみると？〜」と題して，2014 年度に実施したパパママ研究者編のワークショップで書き出された付箋紙をもとに再整理を行いました。そして，後半は「マインドクライメート（精神風土）形成モデルの提案：あなたの生きづらさはどこから？」（上野ふき），「生きづらさの質的分析モデル構想」（大塚類）について話題提供をいただき，生きづらさの現実の問題をモデル化するための考え方について，俯瞰的な視点と事例的な視点の 2 面から議論しました。

　2017 年度のワークショップは 3 回開催し，第一回目が「生きづらさの社会モデル」をテーマとして，「生きづらさを抱える「その人」を中心とした支援と協働〜成年後見の現場から〜」（鈴木貴子），「生きづらさを抱える「その学生」を中心とした支援と連携〜大学における合理的配慮とは？障害学生支援の現場から〜」（舩越高樹）について話題提供をいただき，person centered care の考え方から生きづらさ学を見るとどうなるかについて議論しました。第二回目は「多文化社会を生きる私たち」をテーマとして，「地域の外国人の現状と課題〜女性，子育てにスポットを当てて〜」（北村広美）について問題整理を行いました。地域に暮らす外国人女性に登壇いただき「多文化社会ニッポンを生きる子どもたち」と題するトークセッションを行い，外国人の生きづらさと多文化社会を切り口とした議論を展開しました。第三回目は「災害と生きづらさ　多様性の垣根を越える」をテーマとして，「被災した女性の「ニーズ」と災害支援〜東日本大震災女性支援ネットワーク「支援者調査」から〜」（池田恵子）について話題提供をいただき，生きづらさのなかには，お互いの状況に対する気づきと，相手を尊重するという基本的なことだけで解消できるものも多いこと，一方で，その相互理解そのものが難しいという状況についても議論しました。

　これらのワークショップや研究会を通じて，私たちは生きづらさを俯瞰的に捉えるための方法論の整理を進めてきています。このような，多様な研究

者による対話では，各々の研究領域の知見そのものだけでなく，その領域におけるものの見方や考え方からも，相互に新たな気づきを得る機会となりました。「学」として整理されるにはまだもう少しかかりそうですが，ここまでで見えてきたこともあります。それは，多様性が進むことによって，社会で顕在化／潜在化している規範や「正しいこと／正しくないこと」といった価値観，国籍（外国人／日本人）や地域（都会／地方），年代（若年／老年）などによるライフスタイルの相違も多様になる反面，そのような現状（もはや自分の常識が世間一般に共通する常識とは限らない）を実感していない人，認識していない人も多いこと，それによって相互の価値の衝突やコンフリクトが生じ，それが生きづらさにつながっている面があるということです。これは，個人の問題だけではなく，組織（の成り立ち）・社会の仕組みがどういう考えに基づいて設計されているかということとも関わります。つまり，「生きづらさ」は自己の環境や価値観そのものの問題だけでなく，他者と自己との環境や価値観の違い，社会の仕組みが前提とする状況と自己の環境との違いなどが，大きな要因になっているのです。

　本書では，研究グループメンバーと 2015 年から 2016 年に開催したワークショップ講演者を中心に，領域を横断した形で，自分自身の価値観，他者との関係性，社会における自分を俯瞰することで「生きづらさの処方箋」をテーマとして執筆しました。この内容が，皆さんの生きやすさのためのヒントにつながればと思っています。「生きづらさ学」研究は，まだまだ荒削りではありますが，これからも継続して進めていきたいと考えています。

　本書の刊行にあたっては，非常に多くの方のお世話になりました。執筆いただいたメンバー以外にも，これまで「生きづらさ学」研究グループに参画いただき，共に議論した飯塚宣子氏，大崎友記子氏，北村広美氏，坂本龍太氏，鈴木咲衣氏，楯谷智子氏，吉田哲氏，渡邉皓子氏（五十音順）に感謝いたします。本書はこれまでの議論あってのものです。また，ナカニシヤ出版の石崎雄高氏には，本書の企画に関心をお寄せいただき，出版まで粘り強くご支援いただきました。大変感謝いたします。

　本書は，2014 年度分野横断プラットフォーム構築事業（研究大学強化促進事業「百家争鳴」プログラム）（京都大学学際融合研究教育推進センター）および科学技術人材育成費補助事業「ダイバーシティ研究環境実現イニシア

ティブ（連携型）」2015 年度〜 2017 年度連携型共同研究助成制度（岐阜大学）を通して推進された研究成果の一部です。また，本書の出版にあたり，科学技術人材育成費補助事業「ダイバーシティ研究環境実現イニシアティブ（連携型）」2018 年度連携型共同研究助成制度（岐阜大学）より，一部支援をいただきました。これらの支援に対して，感謝の意を表します。

小 山 真 紀

■編者紹介

小山　真紀（こやま・まき）
1972 年生まれ。東京工業大学大学院総合理工学研究科人間環境システム専攻博士後期課程単位取得退学。博士（工学）（東京工業大学）。地域防災学専攻。岐阜大学流域圏科学研究センター准教授。『Human Casualties in Earthquakes: Progress in Modelling and Mitigation』〔分 担 執 筆〕（Springer, 2011 年），『災害対策全書 4　防災・減災』〔分担執筆〕（ぎょうせい，2011 年），他。
【担当】おわりに，第 5 章

相原　征代（あいはら・まさよ）
1970 年生まれ。青山学院大学大学院国際政治経済学研究科国際政治学専攻 5 年一貫制博士課程単位取得満期退学。フランス・トゥールーズ第二（ミライユ）大学社会学研究科修了。博士（社会学）（トゥールーズ第二大学）。社会学・ジェンダー学専攻。岐阜大学流域圏科学研究センター特別協力研究員。『家族──共に生きる形とは？』〈愛・性・家族の哲学　第 3 巻〉〔共著〕（ナカニシヤ出版，2016 年），『臨床知と徴候知』〔共著〕（作品社，2012 年），他。
【担当】この本を読むあなたへ，第 2 章

舩越　高樹（ふなこし・こうじゅ）
1974 年生まれ。東京大学大学院新領域創成科学研究科修士課程修了。修士（環境学）（東京大学）。東京学芸大学大学院教育学研究科特別支援教育専攻修士課程修了。修士（教育学）（東京学芸大学）。元私立中学校教頭。京都大学学生総合支援センター障害学生支援ルーム高等教育アクセシビリティプラットフォーム特定准教授。
【担当】第 6 章

■著者紹介（執筆順）

大塚　類（おおつか・るい）
1979 年生まれ。東京大学大学院教育学研究科総合教育科学専攻博士課程修了。博士（教育学）（東京大学）。青山学院大学教育人間科学部教育学科准教授。『あたりまえを疑え！──臨床教育学入門』〔共著〕（新曜社，2014 年），『エピソード教育臨床──生きづらさを描く質的研究』〔共編著〕（創元社，2014 年），『施設で暮らす子どもたちの成長──他者と共に生きることへの現象学的まなざし』（東京大学出版会，2009 年），他。
【担当】第 1 章

吉岡　剛彦（よしおか・たけひこ）
1972 年生まれ。九州大学大学院法学研究科博士後期課程修了。博士（法学）（九州大学）。法哲学専攻。佐賀大学教育学部教授。『境界線上の法／主体──屈託のある正義へ』〔共編〕（ナカニシヤ出版，2018 年），『圏外に立つ法／理論──法の領分を考える』〔共著〕（ナカニシヤ出版，2012 年），『家族──共に生きる形とは？』〈愛・性・家族の哲学　第 3 巻〉〔共著〕（ナカニシヤ出版，2016 年），他。
【担当】第 3 章

王　柳蘭（おう・りゅうらん）
神戸市生まれ。京都大学大学院人間・環境学研究科博士課程退学。人間・環境学博士（京都大学）。同志社大学グローバル地域文化学部准教授。『越境を生きる雲南系ムスリム──北タイにおける共生とネットワーク』（昭和堂，2011 年），『他者との邂逅は何をもたらすのか』〔共著〕（昭和堂，2017 年），Liulan Wang-Kanda, "Bottom-up Coexistence: The Negotiation of Chinese Ethnicity, Islam, and the Making of Ethno-religious Landscapes among Yunnanese Muslims in the Thai-Myanmar Borderland" in Toko Fujimoto and Takako Yamada eds. *Migration and the Remaking of Ethnic/ Micro-Regional Connectedness, Senri Ethnological Studies*, National Museum of Ethnology, 2016, 他。
【担当】第 4 章

佐分利　応貴（さぶり・まさたか）
1968 年生まれ。1991 年京都大学経済学部を卒業，通商産業省（現：経済産業省）に入省。在エジプト日本国大使館一等書記官，東北大学公共政策大学院准教授，経済産業省通商政策局企画調査室長，農林水産省生産局花き産業振興室長，京都大学経済研究所准教授，総務省行政評価局評価監視官等を

153

経て 2017 年より笹川平和財団安全保障事業グループ・グループ長。評価士。『通商白書 2009 ～ピンチをチャンスに変えるグローバル経済戦略～』〔編著〕（日経印刷，2009 年），『ハイテク産業を創る地域エコシステム』〔共著〕（東洋経済新報社，2012 年），他。
【担当】番外編

今井　必生（いまい・ひっせい）
1976 年生まれ。京都大学総合人間学部，北海道大学医学部卒業。京都大学医学研究科博士課程修了。博士（医学）。精神科医。大橋クリニック院長。『続・生老病死のエコロジー』〔共著〕（昭和堂，2013 年），『青春期精神医学』〔共著〕（診断と治療社，2010 年），『カプラン臨床精神医学テキスト 第 3 版』〔共訳〕（メディカル・サイエンス・インターナショナル，2016 年），『不登校の子どもに親ができること――4 つのタイプ別対処法』〔翻訳〕（創元社，2018 年），他。
【担当】第 7 章

上野　ふき（うえの・ふき）
1981 年生まれ。名古屋大学大学院文学研究科博士後期課程満期退学。ドイツ文学専攻。中京大学工学部助教を経て，名古屋大学大学院情報科学研究科博士後期課程在学。複雑系科学専攻。「知の創発モデル　ライプニッツの〈モナド〉の現代的意義」（『理想』No. 691，2013 年），ライプニッツ「図書館計画」〔共訳・解説〕（『ライプニッツ著作集 第 II 期 第 3 巻 技術・医学・社会システム』工作舎，2018 年），他。
【担当】第 8 章

生きづらさへの処方箋

2019 年 2 月 21 日　　初版第 1 刷発行

	小　山　真　紀
編　者	相　原　征　代
	舩　越　高　樹
発行者	中　西　　良

発行所　株式会社　ナカニシヤ出版

〒606-8161　京都府左京区一乗寺木ノ本町15
TEL　(075)723-0111
FAX　(075)723-0095
http : //www.nakanishiya.co.jp/

ⒸMaki KOYAMA 2019（代表）　　印刷・製本／モリモト印刷
＊落丁本・乱丁本はお取り替え致します。
Printed in Japan.　ISBN978-4-7795-1341-1

◆本書のコピー、スキャン、デジタル化等の無断複製は著作権法上での
例外を除き禁じられています。本書を代行業者等の第三者に依頼してス
キャンやデジタル化することはたとえ個人や家庭内での利用であっても
著作権法上認められておりません。

性 —自分の身体ってなんだろう？—

藤田尚志・宮野真生子 編

LGBTから「宗教と性」「脳の性差」「美容整形とエンハンスメント」まで、想い渦巻く「性」の議論を知の力で解きほぐす。現代をアクチュアルかつ哲学的に問う【愛・性・家族の哲学】第2巻。 二二〇〇円＋税

境界線上の法／主体
—屈託のある正義へ—

江口厚仁・林田幸広・吉岡剛彦 編

絶えず境界線を引きながら生きる我々に、正義を語る資格はあるのか。ヘイト・スピーチ、LGBT、自己責任論、オキナワ／フクシマなど、今日身近な問題群をテーマに法と正義とのあり方を探究。 二五〇〇円＋税

コミュニティビジネスで拓く地域と福祉

諫山正 監修、平川毅彦・海老田大五朗 編

地域や福祉の持続の鍵はここにある！ 基礎の概念整理から資金問題、喫茶店や刑務所など幅広い実践のケーススタディまで、ソーシャルビジネス／コミュニティビジネスの現状を一冊で学ぶ。 二二〇〇円＋税

アルコール依存症に負けずに生きる
—経験者が語る病理の現実と回復への希望—

ミック・S

アルコール依存症から人生を取り戻した著者が、かつての自己の病状・経験を精緻に分析することで、酒はもちろん、ネットやゲーム依存にも通じる「克服のカギ」を明らかにした「希望の書」。 一五〇〇円＋税

＊表示は二〇一九年二月現在の価格です。